Pro Gamer

프로게이머를 꿈꾸는 청소년들에게

조형근 지음

가나북스

프로게이머를 꿈꾸는 청소년들에게

2016년 07월 07일 초판 발행
2018년 05월 25일 2쇄 발행
2020년 07월 25일 3쇄 발행
2023년 07월 15일 4쇄 발행

지은이 조형근
펴낸이 배수현
디자인 유재헌
홍 보 배예영
제 작 송재호

펴낸곳 가나북스 www.gnbooks.co.kr
출판등록 제393-2009-12호
전 화 031-408-8811(代)
팩 스 031-501-8811

ISBN 979-11-86562-36-9(03370)

저는 어릴 때부터 게임을 좋아했습니다. 초등학생 때부터 오락실을 밥 먹듯이 다녔습니다. 오락실에 갈 돈이 없으면 옷장에 있는 아버지의 양복을 뒤졌습니다. 운이 좋은 날에는 양복 안주머니에서 100원 동전을 몇 개 찾았습니다. 그러면 뭐가 그렇게 좋은지 콧노래를 부르며 오락실로 달려갔습니다. 중학교 3학년 때에 스타크래프트라는 컴퓨터 게임이 출시됐습니다. 저는 스타크래프트에 푹 빠졌습니다. 각종 온라인 대회와 PC방 대회에 참여하면서 실력을 키웠습니다. 고등학교 2학년 때 '온게임넷 스타리그'라는 당시에 가장 영향력이 큰 대회 예선전에 출전했습니다. 저는 운 좋게도 예선을 통과하고 생방송 본선 무대에 진출했습니다. 저는 본선 진출자 중에 가장 나이가 어렸습니다. 그 때부터 저는 프로게이머라고 불렸습니다.

프로게이머를 하다가 고등학교 3학년이 수험생이 되었습니다. 대학교에 진학하기 위해서 수능시험 공부를 했습니다. 수능시험이 끝나자마자 다시 프로게이머가 되기 위해서 서울로 상경했습니다. 그러나 건강상의 이유로 당분간 게임을 할 수가 없어서 울며 겨자 먹기로 대학교를 1년 다녔습니다. 대학교 1학년을 마치고 휴학을 한 다음에 다시 프로게이머가 되기 위해 서울로 올라갔습니다. 군대에 입대할 때도 프로게이머 경력을 살렸습니다. 제가 군대에 입대할 때만 해도 국군체육부대(상무)와 같이 게임 특기병이 있었습니다. 덕분에 군대를 제대할 때까지 프로게이머로 활동할 수 있었습니다. 뒤돌아보니 18살부터 26살까지 프로게이머를 하다가 쉬었다가 다시 하기를 반복했습니다. 오랜 시간 동안 프로게이머를 했지만 프로게이머로서 성공하지는 못했습니다. 요즘 말로 하면 대박과 쪽박 사이에 중박 정도 한 것 같습니다.

게임에 흠뻑 빠져있었지만 학업을 포기하지는 않았습니다. 학교 수업 시간에는 최대한 열심히 수업을 들으려고 노력했습니다. 수능시험에는 운이 좋아서 원래 성적보다 훨씬 좋은 성적을 받았습니다. 프로게이머를 그만두고 대학 공부를 다시 시작했을 때도 강의에 빠지지 않고 집중하기 위해 노력했습니다. 덕분에 지금은 선망했던 회사에 취직했습니다. 어느덧 입사한지 5년이 되었지만 회사 업무는 늘 새롭고 공부해야할 것은 끝이 없습니다.

프로게이머에 대해 궁금한 사람이 많을 것입니다. 프로게이머는 매력적인 직업입니다. 빠르면 10대부터 많은 돈을 벌 수 있습니다. 일반적으로 대학을 졸업하고 취업 전선에 뛰어드는 나이는 빠르면 25살, 늦으면 27살 정도입니다. 프로게이머가 되면 대학

졸업자보다 10년 정도 일찍 돈을 벌 수 있습니다. 돈과 함께 명예도 같이 따라옵니다. 조금 과장해서 표현하면 게임을 좋아하는 청소년에게 프로게이머는 마치 신과 같은 추앙을 받을 수 있습니다.

하지만 모든 것은 프로게이머로 성공했다고 가정했을 때의 일입니다. 취업문이 좁아지고 있다고 하지만 프로게이머가 되는 문은 그보다 훨씬 더 좁습니다. '낙타가 바늘구멍에 들어간다.' 는 말이 있습니다. 프로게이머가 되는 것은 거대한 코끼리가 바늘구멍에 들어가는 것만큼 경쟁이 치열합니다. 설령 프로게이머가 되었다고 해서 모든 프로게이머가 성공할 수 있는 것은 아닙니다. 큰 뜻을 이루지 못하고 도중에 게임을 그만두는 프로게이머들도 많습니다.

프로게이머에 도전하는 것은 훌륭한 일입니다. 자신의 꿈을 가지고 그 꿈을 향해 최선을 다하는 것은 아름답기까지 합니다. 도전에 성공할 수도 있지만 실패할 수도 있습니다. 개인적으로는 프로게이머는 성공할 확률보다 실패할 확률이 몇 배는 더 높은 직업이라고 생각합니다.

우리는 성공만을 봅니다. 텔레비전에 나오는 배우, 가수, 코미디언, 정치인을 봅니다. 서점에는 성공한 사람들에 대한 책들이 즐비합니다. 별이 빛나려면 주변이 어두워야 합니다. 우리는 밤하늘을 보면서 별을 찾지만 별을 감싸고 있는 어둠을 찾지는 않습니다. 환한 빛에 가려져 보이지 않는 어두운 뒷면도 함께 살펴볼 수 있는 지혜를 가져야 합니다.

프로게이머는 힘든 직업입니다. 이 세상에 힘들지 않은 직업이 어디 있겠냐만, 프로게이머는 상상 이상으로 힘든 직업입니다. 눈을 뜬 시간은 오로지 게임만 해야 합니다. 모니터를 오래 봐서 눈이 빨개지고 키보드와 마우스를 끊임없이 조작해서 손목이 저려도 게임을 쉴 수 없습니다. 내가 쉬는 동안에도 경쟁자는 연습을 계속 하고 있기 때문입니다. 동물에 비유하면 프로게이머는 백조와 같습니다. 백조는 물 위에서 우아한 자태를 뽐냅니다. 하지만 보이지 않는 물 밑을 보면 물에 빠지지 않기 위해 쉴 틈 없이 다리를 움직이고 있습니다. 저는 프로게이머의 수면 위, 아래 모두 보여드리려고 합니다. 프로게이머에 도전할 수 있는 방법과 함께 도전에 실패했을 경우의 대비책도 함께 알려드리고자 합니다. 프로게이머를 지망하는 사람을 포함하여 게임을 좋아하는 사람이라면 책을 읽어보길 권합니다. 책을 다 읽은 다음에 잠시 자신에 대해서 생각하는 시간을 가진다면 더 좋겠습니다.

지금까지 게임과 공부를 함께 하면서 배운 것과 느낀 점을 많이 담으려고 했습니다. 게임을 좋아하는 사람들은 게임과 공부를 같이 하는데 어려움을 겪습니다. 저도 마찬가지였습니다. 게임에 집중하기 위해서 학교를 그만둘 생각도 하였습니다. 하지만 30대 중반이 된 지금 확실하게 느낍니다. 공부를 포기하지 않고 게임과 공부를 함께 병행하기를 잘했다는 것을 말입니다.

프로게이머가 되고자 한다면 자신의 미래에 대해서 먼저 생각해봐야 합니다. 게임에 빠져 있으면 주변사람들이 하는 말이 잘

들리지 않습니다. 게임이 정말 하고 싶은데 공부만 하라는 부모님과 선생님이 야속하기만 합니다. 아무런 이유도 없이 그저 공부만 하라고 하면 받아들이기 어렵습니다. 저는 이런 고민을 먼저 해본 선배로서, 그리고 프로게이머로 활동했던 경험을 살려 여러분에게 조심스럽게 조언하고자 합니다. 부모님과 선생님을 통해서는 정확하게 알 수 없는 것들에 대해서 전해드리고 싶습니다. 프로게이머가 되면 어떻게 생활하게 되는지, 프로게이머를 그만 둔 이후에는 어떤 삶이 기다리고 있는지, 그들의 고민은 무엇인지를 솔직하게 얘기하고 싶습니다. 지금도 게임과 공부 사이에서 균형을 잡기 어려워 고민하고 있는 이들에게 자그마한 도움이 되기를 간절히 희망합니다.

조형근

| 목차 |

Pro Gamer

프로게이머에 대해
파헤쳐보자

①
프로게이머란?

프로게이머는 말 그대로 게임의 프로라는 뜻이다. 일반적으로 프로라고 하면 자기가 하는 일을 통해서 돈을 버는 사람을 의미한다. 프로의 예로는 프로야구선수, 프로농구선수, 프로축구선수, 프로골퍼와 같은 운동선수가 있다. 이외에도 프로바둑기사, 영화배우, 코미디언, 가수, 모델 등도 프로라고 할 수 있다. 자기가 하는 일로 수입을 창출하기 때문이다.

프로들은 각종 매체에 자신의 존재를 드러내며 멋진 모습을 보여준다. 프로야구를 예로 들면 투수는 힘껏 빠른 공을 던지고 타

자는 그 공을 멀리 쳐낸다. 수비수는 재빠르게 공을 쫓아다닌다. 하지만 이런 모습을 통해 관중들을 열광시키는 직업만이 프로는 아니다. 우리 주변에 흔히 보이는 평범한 사람들도 모두 프로다. 회사원은 기업과 계약을 맺고 월급을 받으므로 이들도 프로이며, 레스토랑에서 맛있는 요리를 대접하는 요리사도 프로다. 의사, 변호사, 선생님, 공무원 등 일을 통해서 수익을 창출하는 모든 사람들을 프로라고 칭할 수 있다.

'프로게이머'는 게임을 통해서 돈을 버는 직업이다. 2006년 한국직업능력개발원이 전국 16개 초등학생 1,150명을 대상으로 장래희망을 조사했을 때 프로게이머가 1위로 선정됐다. 지금도 초중고 학생들은 여전히 프로게이머를 선망한다. 프로게이머는 학생들에게 각광받는 직업중 하나이며 앞으로 게임 산업의 발전에 따라서 미래에 더욱 더 인기 있는 직업이라고 될 것이다.

내가 프로게이머가 되는 길에 접어든 것은 1998년, 중학교 2학년부터다. 당시 스타크래프트라는 게임이 우리나라에 열풍을 일으켰다. 번화가에는 PC방이 우후죽순 생겨났다. PC방에서는 가게 홍보를 위해 상금을 걸고 스타크래프트 대회를 개최했다. 나는 친구들과 함께 참가 신청을 했다. 대회에 입상하여 5만 원과 함께 PC방 10시간 무료 이용권을 받았다. 얼마 되지 않는 금액이지만 게임으로 수익을 창출한 것이다. 그 때부터 프로게이머에 한 발자국씩 발걸음을 내딛었다.

가끔가다가 큰 상금이 걸린 PC방 대회가 열린다는 소식이 들렸다. 이런 대회에는 다른 지방의 고수들도 찾아와서 대회에 참가했다. 대회가 열린다는 정보를 어떻게 정보를 입수했는지 모르겠지만 수많은 참가자들이 PC방에 모여 실력을 겨뤘다. 온라인을 통해 모르는 사람과도 게임을 할 수 있었다. 고수들은 온라인에서 함께 게임을 하면서 친분을 쌓았다. 얼굴은 모르지만 온라인으로 친해진 사람들은 PC방 대회에서 우연히 만나 서로의 아이디를 확인하고 반가워했다. 간혹 온라인에서 욕설을 일삼는, 이른바 매너가 안 좋은 유저들은 본인의 정체가 탄로날까봐 있는 듯 없는 듯 조용히 대회에 참여하곤 했다.

스타크래프트라는 게임이 대중의 관심을 점점 많이 받아가면서 어느 순간 '프로게이머'라는 단어가 생겨났다. 제1호 스타크래프트 프로게이머는 신주영씨다. 그는 1998년 말, 스타크래프트 제작사에서 개최한 토너먼트에서 우승을 차지하고 프로게이머가 되었다. 신주영씨는 본인의 이름을 걸어서 스타크래프트 게임 영상을 촬영한 비디오를 발매했다. 당시에는 비디오를 대여해주는 비디오대여점이 있었는데, 나는 얼른 비디오대여점으로 달려가서 잽싸게 그 비디오를 빌렸다. 신주영씨가 직접 플레이한 게임 영상과 이를 해설하는 내용이었다. 구체적인 게임 내용은 정확하게 기억나지 않지만 몇 번이고 돌려보던 기억은 아직도 생생하다. 신주영씨가 플레이한 것을 엉거주춤 따라 해보기도 했다. 내 생각에는 아마 이 때부터 프로게이머라는 용어가 대중적으로 알려지기 시작한 것 같다.

1999년 말, 케이블 방송국에서는 스타크래프트 토너먼트를 생중계하기 시작했다. 상금은 PC방 대회와 비교하면 차원이 다를 정도로 높아졌다. 이 대회뿐만 아니라 상금이 큰 대회와 리그들은 주로 서울에서 개최 됐다. 지방에 사는 프로게이머들은 큰 대회에 참가하기 위해 짐을 싸서 서울로 상경했다. 그렇게 지방에서 올라와 합숙 생활을 하던 프로게이머들은 경제적으로 여유롭지 않았다. 밥 먹을 돈이 없어서 PC방에서 컵라면을 먹어가며 게임 연습을 하는 프로게이머들이 많았다. 지금은 프로게임단에서 숙식은 물론 선수들이 편안하게 게임을 할 수 있도록 각종 지원을 아끼지 않는다.

시간이 지나면서 스타크래프트 방송 경기에 대한 관심이 점점 늘어났다. 많은 시청자들은 프로게이머의 방송 경기 날을 기다렸다. 게임을 좋아하는 사람들은 인터넷을 통해 프로게이머에 대해 얘기하기 시작했다. 게임 팬들은 그 날 있었던 게임에 대해 토론하고 좋아하는 선수들을 응원했다. 스타성이 있는 프로게이머들이 하나 둘 씩 생겨났고, 선수들의 개성 넘치는 플레이에 수많은 관중들이 환호했다.

처음에는 게임을 보는 것이 뭐가 재미있냐고 반문하는 사람들이 많았다. 그러나 게임을 보는 것은 재미없다던 사람들도 어느덧 게임을 보는 맛에 푹 빠져들었다. 스타크래프트 경기 방송을 좋아하는 사람들이 많아질수록 그에 비례해서 프로게이머는 유명해졌고 일부 선수들은 KBS, MBC 등 공중파 방송에 출연하기도 했다. 프로게이머가 공중파 방송에 노출되고 각종 언론에 소개되기 시작하면서 프로게이머라는 직업은 일상생활에서 접하기 쉬워졌고 더욱 더 대중적인 용어로 자리매김했다.

대중의 관심이 늘어나니 자연스럽게 기업들도 홍보를 위해 프로게임단을 창단하기 시작했다. 프로게이머들은 기업과 계약을 통해 연봉을 받으며 고정 수입을 확보했고, 기업은 숙식은 물론이거니와 핸드폰을 무료로 제공하는 등 다양한 지원을 해주었다. 대학교의 행사와 여러 가지 대외활동에도 프로게이머들이 초청되었다. 프로게이머들은 여러 활동을 통해서 프로게이머를 알리고 프로게이머의 이미지를 개선하기 위해 노력을 했다.

이와 같이 프로게이머와 시청자간의 상호작용을 바탕으로 프로게임 산업은 발전하고 있다. 우리나라에는 리그오브레전드를 필두로 스타크래프트2, 히어로즈 오브 스톰, 서든어택, 하스스톤, 오버워치 등 다양한 게임들이 방송되고 있으며 경기에 출전하는 프로게이머들도 계속해서 생겨나고 있다. 우리나라뿐만 아니라 해외에도 프로게이머가 있으며 정기적으로 세계 대회가 개최되기도 한다. 현재 우리나라 프로게이머의 수는 연습생을 포함하여 300명 정도 되며 연봉을 받는 프로게이머는 100명 안팎으로 추정된다.

❷
프로게이머가 되는 방법 1

　프로게이머는 어떻게 될 수 있는 걸까? 프로게이머가 되기 위한 특별한 기준이나 자격이 필요할까? 정답부터 얘기하면 프로게이머가 되기 위한 제약은 아무 것도 없다. 남녀노소를 불문하고 누구나 원한다면 프로게이머가 될 수 있다. 단, 프로게이머가 되기 위해서는 게임을 어느 누구보다 잘해야 한다. 해당 게임이 출시되자마자 게임을 시작한 것이 아니라면 누군가는 나보다 그 게임을 먼저 시작했을 것이다. 나보다 게임을 먼저 시작한 사람은 당연히 나보다 게임에 대한 이해도가 높을 것이다. 그러면 남들보다 게임을 잘해서 프로게이머가 되기 위해서는 어떻게 해야 될까? 천천히 프로게이머가 되는 방법을 알아보자.

우리나라에는 셀 수 없을 정도로 많은 게임이 있다. 콘솔 게임, 컴퓨터 게임, 스마트폰 게임 등 여러 가지 기기를 기반으로 하여 수많은 게임이 개발되고 출시된다. 스마트폰에 접속하여 다운로드 받을 수 있는 게임의 수는 어마어마하다. 게임에 수만큼 장르도 천차만별이다. 전략시뮬레이션, 롤플레잉, 대전 액션, 퍼즐 등 다양한 장르의 게임이 지금 이 순간에도 발매되고 있다.

우선, 프로게이머가 존재하는 게임을 선정해야 한다. 기업에서 후원하는 프로게임단이 있고 게임 대회가 정기적으로 개최 되는 게임을 선택한다. 자기가 어떤 게임을 아무리 잘한다고 해도 프로게이머가 없는 게임이라면 프로게이머가 될 수 없다. 현재 프로게이머가 있는 게임 중에서 '리그오브레전드'라는 게임이 가장 인기가 많다. 리그오브레전드 이외에도 '스타크래프트2' 역시 마니아가 많다. 리그오브레전드와 스타크래프트2는 정기적으로 대회가 개최되고 있고, 프로게이머의 수도 다른 게임보다 많다. 프로게이머가 되고 싶다면 대중들이 좋아하고 프로게이머 시장이 활성화되어있는 게임을 선택하는 것이 유리하다.

게임을 선택했다면 이제 실력을 키우는 일이 남았다. 아마 처음부터 프로게이머가 되고자 게임을 시작하는 사람은 없을 것이다. 친구들과 어울리기 위해 PC방에서 시작하는 경우가 대부분이다. 게임을 하다 보니 자연스럽게 흥미가 생기고, 흥미가 생기니 많은 시간을 게임에 할애하게 된다. 게임을 많이 하다 보니 실력이 늘게 되고 '프로게이머 한번 해볼까?' 라고 생각하는 경우가 많을 것이다.

나 역시 그랬다. 내가 중학생일 때 친구들과 함께 PC방에서 스타크래프트를 즐겨했다. 5명 정도가 같이 게임을 했는데, 나보다 잘하는 친구가 한 명 있었다. 친구에게 게임을 배우기 위해서 평일이든 주말이든 친구 집에 놀러갔다. 친구 집에 살다시피 하면서 친구가 게임하는 것을 뒤에서 보고 따라했다. 친구의 플레이를 흉내내다보니 어느 순간 내가 친구보다 더 잘하게 되었다. 이제 우리 학교에서는 더 이상 적수가 없었다.

이후에는 온라인에서 나보다 잘하는 사람들을 찾아다니며 게임을 했다. 매일 고수들을 찾아다녔고 프로게이머의 경기를 관전했다. 그러면서 집 근처에서 개최되는 PC방 대회에 참가했다. 당시에는 PC방 대회가 곳곳에서 개최됐다. 그렇게 견문을 넓히면서 실력을 키웠다. 그러던 어느 날 부산에 꽤 큰 대회가 개최됐다. 그 대회에서 준우승을 차지했는데 상금이 무려 50만 원이었다. 세금을 제외하고 손에 받은 돈이 39만 원이었다. 만 원짜리 지폐를 그렇게 많이 만져본 것은 처음이었다. 학생 신분으로 하루만에 39만 원을 벌었으니 기분이 어땠겠는가. 주최 측에서 상금을 봉투에 넣어 주었는데 집으로 가는 지하철에서 봉투를 잃어버릴까 봐 전전긍긍했던 기억이 아직도 생생하다.

집에 가서 부모님에게 트로피와 함께 상금을 보여드렸다. 부모님께서는 이 돈을 어떻게 벌었느냐고 물으셨다. 게임 대회에 나가서 입상했다고 말씀드리자 깜짝 놀라셨다. 부모님은 아들이 집에서 공부는 안하고 늦게까지 게임만 하고 있어서 여간 걱정이 아니었을 것이다. 그 전까지는 게임을 하고 있으면 '애가 매일 게임만 하니, 질리지도 않냐' 며 핀잔을 주셨다. 하지만 내가 드린 상금을 보시고 난 이후에는 게임하는 것에 대해 거의 혼내지 않으셨다. 당시에 부모님이 무슨 생각을 하셨는지는 모르겠지만 덕분에 서울에서 열리는 큰 대회도 나갈 수 있었다. 주말이면 대회를 준비한다는 핑계로 온라인에서 알게 된 형들과 함께 PC방에서 밤을 샜다.

내가 프로게이머가 된 것은 프로게이머라는 직업이 우리나라에 제대로 정착되기 전이었다. 프로게이머라는 직업이 생기고 조금씩 자리를 잡아가는 시점이었다. 프로와 아마추어의 경계는 모호했다. 게임 방송국에서는 3개월에 한 번 정도 주기로 대회를 개최했다. 대회 예선에는 프로게이머와 일정 수준의 실력을 갖춘 아마추어 모두 참가할 수 있었다. 예선을 통과하여 본선에 진출하면 생방송 경기에 출전할 수 있었다. 이렇게 방송 경기에 모습을 드러내면 프로게이머라고 인정해주었다. 지금은 한국e스포츠협회에서 프로게이머 명단을 관리한다. 공식적으로 프로게이머가 되면 게임을 통해 벌어들이는 수익에 세금을 거의 떼지 않는다.

내가 스타크래프트를 시작할 때에는 PC방에서 열리는 대회가 많았다. 또한 전국에서 프로와 아마추어를 가리지 않고 누구나 참여할 수 있는 수많은 대회가 열렸다. 게임팀 감독들과 프로게이머들은 각종 대회에서 실력을 뽐내는 아마추어들에게 프로팀으로 들어오라는 제의를 했다. 여러 오프라인 대회는 아마추어들에게 있어 자신을 드러낼 수 있는 좋은 기회이자 통로였다. 지금은 PC 방 대회는 거의 열리지 않는다. 프로게이머를 지망하는 아마추어들은 자기 실력을 다른 사람에게 드러낼 수 있는 전략을 세워야한다.

❸
프로게이머가 되는 방법 2

　프로게이머가 되기 위해서는 기본적으로 자기가 상당한 수준의 실력을 보유하고 있다는 것을 프로게임단에 알릴 필요가 있다. 그래야만 프로게임단으로부터 입단 제의가 올 것이기 때문이다. 프로게임단에서 공식적으로 연습생을 모집하는 경우도 있다. 하지만 대부분은 뛰어난 실력을 가진 아마추어를 발굴해 프로게이머 제의를 하는 경우가 일반적이다. 온라인을 통해서 본인의 실력을 가늠해보고 프로게임단에 자신의 존재를 드러내보자.

　리그오브레전드를 예로 들어보자. 리그오브레전드는 실력을 기준으로 등급이 명확하게 나누어져 있다. 게임에서 이기면 순위가 올라가고 지면 순위가 떨어지는 시스템이다. 딱 잘라서 정의하기는 어렵지만 프로게이머는 대부분 상위 200등 안에 포함되는 등급을 가지고 있다. 전체 유저 수가 몇 십만 명임을 고려하면 혀를 내두를 정도로 잘하는 것이다. 요즘 말로 게임을 씹어 먹는 최강 실력자라고 볼 수 있다. 게임을 좋아하는 아마추어가 자기가 살고 있는 지역에서 가장 잘한다고 해도 프로게이머만큼 잘하기는 쉽지 않을 것이다. 학교에서 1등을 한다고 해서 전국에서 1등을 하는 것은 아닌 것과 마찬가지다. 수많은 사람이 게임을 하고 있고 프로게이머가 되기 위해서 피나는 연습을 거듭하고 있다.

우선 최대한 열심히 연습해서 프로게이머와 필적할만한 등급을 갖춰야한다. 그렇게 되면 프로게이머와 같이 게임을 할 수 있는 기회를 잡을 수 있다. 리그오브레전드는 비슷한 등급을 가진 유저들끼리 게임을 플레이할 수 있도록 시스템이 마련 되어있다. 게임을 못하는 사람이 터무니없는 절정 고수를 만나면 게임에 흥미를 잃어버린다. 따라서 게임을 잘하는 사람이든 못하는 사람이든 비슷한 실력의 유저를 만나 본인의 수준에 맞게 게임을 즐길 수 있다. 등급이 높아질수록 게임에서 만나게 되는 사람들의 실력이 높아진다. 자연스럽게 프로게이머를 상대로 만나게 된다.

프로게이머의 뒤에는 게임단 감독, 코치를 포함하여 다른 동료 프로게이머가 경기를 보고 있는 경우가 많다. 프로게이머와 함께 하는 게임에서 두드러지는 활약을 선보이면 프로게이머들 사이에 입소문이 퍼진다. 게임단 코치는 특히 새로운 선수 발굴에 민감하다. 어떤 선수를 영입하느냐에 따라서 팀의 성적이 올라가느냐 마느냐가 결정되기 때문이다. 코치는 여러 루트를 통해서 어떤 아이디를 사용하는 유저의 실력이 뛰어나다는 소식을 접한다. 이렇게 되면 게임단의 코치를 통해서 자연스럽게 프로게이머 입단 테스트 제의가 들어올 것이다. 테스트를 통과하면 개인 면담을 통해 프로게이머가 될 수 있다. 리그오브레전드를 예로 들었지만 다른 게임도 마찬가지다.

그렇다면 어떻게 하면 상위 200등 이내의 실력자가 될 수 있을까? 이것은 프로게이머가 되는 길을 막는 높은 관문이다. 프로게임단의 입단 테스트를 본다고 해서 반드시 프로게이머가 되는 것은 아니다. 하지만 그 전에 상위 200등 수준까지 순위를 올리는 것은 굉장히 어려운 일이다. 친한 사람 중에 프로게이머가 있어서 한동안 가르침을 받는다면 모르겠지만, 본인 연습하기 바쁜 프로게이머가 그런 시간이 있을 리가 없다.

그럼 도대체 어떻게 해야 하는가? 답은 단 하나다. 안타깝지만 죽도록 연습하는 것 말고는 방법이 없다. 이 때 죽도록 연습하는 것은 아무 생각 없이 게임만 죽어라 하는 것이 아니다. 뒤에서 프로게이머로 성공하는 방법에 대해서 자세하게 얘기하겠지만 프로게이머가 플레이하는 개인 방송과 경기를 철저하게 분석해야 한다. 일단 프로게이머가 하는 플레이를 완벽하게 따라 해라. 프로게이머의 플레이를 따라하면서 그렇게 플레이하는 이유를 생각하며 게임을 공부하면서 해야 한다.

같은 시간 게임을 해도 누구는 실력이 확 늘고, 누구는 제 자리 걸음인 경우가 많다. 게임에 임하는 마음가짐이 다르기 때문이다. 지금은 인터넷 개인방송 '아프리카'와 같은 곳을 통해서 전, 현직 프로게이머의 실시간 게임 화면을 언제든지 볼 수 있다. 그리고 게임에 대해 궁금한 것을 물어볼 수 있다. 마음만 먹으면 언제든지 최고의 프로게이머의 플레이를 반복해서 볼 수 있다. 프로게이머가 게임하는 모습을 자세히 살펴보면서 자그마한 부분이라도 좋은 점이 눈에 띄면 똑같이 따라할 수 있게 연습해야 한다. 티끌모아 태산이다. 작은 차이가 모여서 시간이 지나면 걷잡을 수 없이 큰 차이로 변하게 된다.

나는 프로게이머로 활동할 때, 연습을 하다가 쉴 때면 옆자리에 앉은 선수의 플레이를 유심히 관찰했다. 나보다 실력이 뛰어나든 그렇지 않든 어느 누구에게나 배울 점이 있다. 게임 중에 나와 생각이 다르게 플레이를 하면 게임이 끝난 뒤에 질문했다. 왜 그 상황에서 그렇게 했는지를. 그러면서 다른 선수의 의견을 듣고 좋은 판단이라는 생각이 들면 배우려고 노력했다.

프로게이머가 되고자 한다면 한 게임, 한 게임 느슨하게 하면 절대로 안 된다. 작은 것 하나라도 놓치지 않겠다는 마음가짐으로 게임에 임해야 한다. 만약 실력이 뛰어나서 프로게이머가 됐다고 치자. 그럼 그때부터 상대해야할 사람은 아마추어 고수가 아니다. 당대 최고 실력을 가지고 있는 프로게이머와 경합해야 한다. 그들은 지금 이 순간에도 뒤쳐지지 않기 위해서 매일 연습을 하고 있다.

최고의 실력을 가지고 있는 프로게이머도 매일 연습에 매진하는데 그들보다 부족한 실력을 가지고 있다면 어떻게 해야 할까? 프로게이머가 되고 싶다면 최소한 그들보다 더 진지한 마음가짐으로 연습해야 하는 것이 당연하다. 만약 프로게이머가 되고 싶다면 자신이 정말로 게임에 진지한 자세로 몰입할 수 있을지 고민해야 한다. 당대 최고의 선수를 따라잡을 수 있을 정도로 게임을 해야 한다. 현재 최고의 프로게이머는 누구인가? 연습을 통해서 그를 따라잡을 수 있을 것 같은가? 그를 뛰어넘을 자신이 없다면 프로게이머가 되는 것은 다시 한 번 고민해보는 것이 좋을 것이다.

❹
프로게이머의 하루

　프로게이머의 하루 일과는 게임으로 시작해서 게임으로 끝이 난
다고 해도 과언이 아니다. 프로게이머는 보통 게임단에서 지원하
는 숙소에서 합숙 생활을 한다. 합숙소는 보통 서울 근교에 위치
하고 있다. 대부분의 게임 대회가 서울에서 열리기 때문이다. 합
숙 생활을 하는 이유는 승리를 위해서다. 프로게이머의 존재 이유
는 단 하나다. 이기는 것이다. 프로게이머는 이기기 위해서 연습
을 하고 상대방을 분석한다. 선수들끼리 함께 있으면 서로 배워가
면서 게임을 할 수 있고 동료의 플레이를 보고 배우면서 서로 시
너지 효과를 낼 수 있다. 그럴수록 실력이 올라가고 최종적으로

승리에 더 가까워진다.

　만약 합숙 생활을 하지 않는다면 혼자 온라인으로 연습을 해야 한다. 그렇게 되면 우선 선수들끼리 같은 시간에 함께 게임을 하는 것이 어렵다. 함께 살지 않는 이상 생활패턴을 똑같이 맞추기가 쉽지 않다. 의사소통을 하는 것도 불편하다. 온라인에서 키보드를 통해 의사소통을 하는 것보다 직접 마주보고 대화를 나누는 것이 훨씬 효율적이다. 그리고 합숙소에는 프로게이머 출신 감독과 코치가 선수들 옆에 항상 붙어 있다. 감독, 코치는 선수들의 플레이를 관찰하고 건설적인 피드백을 해준다. 프로게이머인 이상 조금이라도 남보다 잘하기 위해서 합숙 생활을 하는 것이다. 게다가 같은 목표를 가진 사람들끼리 모여 있으면 긍정적인 경쟁심이 발휘되어 서로에게 좋은 영향을 준다.

　예를 들어 아이돌 가수가 목표인 연습생이 있다고 하자. 소속사 없이 혼자 연습을 하는 것과 대형 소속사에서 연습하는 것은 다르다. 혼자서 연습을 하면 자기가 무엇을 잘하고 무엇을 잘 못하는지 피드백을 받을 수가 없다. 춤을 연습할 때 안 좋은 습관이 몸에 베여있으면 이를 고치기가 무척 어렵다고 한다. 반면에 대형소속사의 연습생은 다르다. 그들의 트레이너들과 선배들은 그들에게 많은 조언을 해줄 것이다. 수많은 아이돌 지망생들이 대형소속사에 들어가고 싶어 하는 이유는 소속사에 자기를 관리해주는 보컬 트레이너, 댄스 트레이너, 외국어 선생님이 있고 체계적인 연습 시스템을 통해 실력을 키울 수 있기 때문일 것이다. 이는 프로게이머가 합숙 생활을 하는 이유와 유사하다.

프로게임단마다 운영하는 일정이 조금씩 다르겠지만 프로게이머는 보통 오전 10시에서 11시에 기상한다. 일어나서 자기 자리에 앉고 컴퓨터를 켠 다음 게임을 시작한다. 일정에 맞추어 연습을 진행하고 연습 중에는 코치가 옆에서 플레이를 분석하고 피드백을 해준다. 선수들끼리도 의견을 주고받고, 서로 보다 좋은 플레이를 할 수 있도록 조언을 해준다.

대부분의 게임단에는 식사, 빨래, 청소 등 선수들의 뒷바라지를 해주는 아주머니가 있다. 아주머니는 점심 식사시간에 맞춰 영양소가 골고루 들어간 밥을 준비한다. 내가 프로게이머를 할 때에는 식사 준비, 주변 정리 등 게임 외적인 부분들은 선수들이 직접 했다. 당시 10명 정도의 선수들이 합숙 생활을 했었다. 우리는 근처 식당에 전화해서 김치찌개, 된장찌개 등을 5인분 정도 시켰다. 부족한 반찬은 어머니들께서 보내주신 음식들과 함께 계란, 냉동식품 등을 프라이팬에 구워 함께 먹었다. 맛있는 반찬이 있으면 서로 그것부터 먹으려고 젓가락을 놀렸던 기억이 난다. 식사를 준비하고 뒷정리를 하는 것은 보통 막내 프로게이머의 일거리였다. 지금도 압력 밥솥에 밥을 얹고 물을 맞추는 게 익숙하다. 고무장갑을 끼고 설거지를 하는 것도 재미있다. 이런 가사가 익숙한 것은 모두 프로게이머 시절 합숙 생활 덕분이다. 현재는 게임단에서 숙식 지원은 물론 각종 편의를 고려해준다. 선수들의 건강을 위해서 다양한 운동기구를 지원해주기도 하고 헬스장 이용권을 끊어주기도 한다. 선수들은 게임 외에 다른 것에는 신경을 쓰지 않고 오로지 게임에만 집중하면 된다.

점심 식사를 마치고 나면 다시 선수들끼리 게임에 몰입한다. 각 게임마다 대충할 수는 없다. 한 게임에 길면 1시간 넘게 집중해서 게임을 한다. 게임이 끝나면 서로에게 개선할 부분들을 알려주고 대화를 나누는 시간을 가진다. 프로 바둑 경기를 보면 대국이 끝나고 난 뒤에 프로 기사들이 손으로 바둑알을 가리키며 복기하는 장면이 나온다. '여기서 이렇게 돌을 뒀으면 어떻게 됐을까?', '더 좋은 수는 없었을까?' 등의 얘기를 한다. 프로게이머들의 복기도 바둑 복기와 유사하다.

이와 같은 연습을 저녁 식사 시간이 될 때까지 계속해서 반복한다. 프로게이머는 연습할 때도 엄청나게 집중해서 게임을 한다. 시간이 어떻게 지나갔는지 모를 정도다. 게임을 집중해서 하면 시간이 빨리 가는 것처럼 느껴지지 않던가? 무언가에 몰입했을 때 이런 현상이 일어난다. 프로게이머가 속한 게임단 외에 다른 게임단의 게임 방송 경기가 있는 날에는 합숙소에 있는 텔레비전 앞으로 모인다. 선수들은 다른 게임단 프로게이머들이 하는 경기를 함께 관람한다. 다른 팀 선수들의 경기를 보면서 상대팀을 분석함과 동시에 게임 트렌드를 확인한다. 동시에 상대팀 선수에게 배워야 할 부분을 찾고 연습해야할 것을 생각한다. 이후에는 취침시간까지 다시 연습에 몰입한다. 중간 중간 간식을 먹기도 하고 산책을 나갔다 오기도 한다. 건강을 해치지 않는 범위에서 게임에 힘껏 집중한다.

　쓰고 보니 프로게이머는 게임밖에 안하는 것처럼 보인다. 물론 프로게이머이기에　게임을 하는 것이 가장 중요한 일이다. 게임 이외에도 식사 시간이 끝나면 운동을 하는 선수도 있다. 쉬는 시간에 책을 읽는다던지, 인터넷을 하던지 어느 정도 개인적인 시간은 자유롭게 활용한다.

　내가 스타크래프트 프로게이머로 합숙 생활을 할 때는 지금처럼 게임단에 체계적으로 운영되지 않았다. 여자 친구를 사귀고 있는 선수의 경우에는 가끔 감독과 코치 몰래 새벽에 여자 친구를 만나러 나갔다 오기도 했다. 감독과 코치의 눈을 피해서 스타크래프트 말고 다른 게임을 하는 선수도 있었다. 늦은 밤, 출출해질 때에는 선수들끼리 편을 나누어 편의점 음식 내기 레이싱게임을 할 때도 있었다. 연습하는 과정은 고되다. 하지만 같은 목표를 가지고 있는 선수들끼리 한 곳에서 생활을 하는 덕분인지 힘이 생겼다. 선수들의 나이도 비슷하고 고민거리도 유사한 덕분에 유대감을 가지고 즐겁게 생활할 수 있었다.

⑤
방송 경기 준비

　프로게이머의 목적은 아주 단순하다. 상대방에게 이기는 것이다. 개성 넘치는 플레이로 관중들에게 재미있는 게임을 선사하는 것도 중요하다. 하지만 게임이 재미있든 없든 이기는 것이 가장 중요하다. 일단 프로게이머가 되기 위해서 마음을 부여잡고, 실력을 키운 다음 게임단에 입단했다고 하자. 우선 같은 팀 선배 프로게이머의 연습 상대가 될 것이다. 선배의 연습을 도와주면서 동시에 자신의 실력을 쌓아야 한다.

정말 뛰어난 실력을 가지고 있지 않는 이상 게임단에 입단했다고 해서 바로 방송 경기에 출전할 수는 없다. 현재 우리나라에서 가장 인기가 있는 게임인 리그오브레전드를 예로 들어보자. 리그오브레전드는 다섯 명의 선수가 한 팀이 되어 5:5로 경기를 펼치는 게임이다. 다섯 명의 선수는 각자 포지션이 정해져 있으며 포지션마다 역할이 명확하게 분리되어 있다. 보통 게임단에는 방송 경기에 출전하는 주전 프로게이머가 5명이 있고, 그들의 연습을 도와주면서 주전 선수가 되고자 하는 연습생들로 구성되어 있다. 따라서 게임단에 입단했다고 해도, 주전 프로게이머보다 잘하지 않는 이상 방송 경기에서 출전할 수 없다.

내가 스타크래프트 프로게이머로 활동할 때에도 합숙소에는 보통 주전 선수 5명 정도에 10명 정도의 연습생들이 함께 있었다. 합숙소에서 함께 생활하는 연습생뿐만 아니라 온라인에서 연습을 도와주는 온라인 연습생도 있었다. 게임단은 연습생에게 숙식 제공은 지원해주지만 연봉은 지급하지 않았다. 연습생은 고정적인 수입이 없었다. 주전 선수들의 연습을 도와주면서 실력을 키워야 한다. 그리고 주전 선수들을 뛰어넘어야만 한다. 연습생이 아주 뛰어난 실력을 가지고 있는 경우에는 곧바로 주전으로 승격되기도 있다. 주전이 되면 기업과 연봉 계약을 체결한다.

방송 경기에 출전해서 좋은 모습을 보여주는 연습생도 있었지만 대다수의 연습생들은 그렇게 되지 못했다. 긴 시간 동안 주전 프로게이머의 연습 상대를 자처하다가 끝내 빛을 보지 못하는 경우도 많았다. 프로게이머의 꿈을 접고 짐을 싸서 고향으로 돌아간 연습생들이 부지기수다. 한 연습생은 17살의 나이로 고등학교를 중퇴하고 프로게이머가 되기 위해 합숙소에 들어 왔다. 그는 다른 누구보다 열심히 연습했지만 대중들에게 자신의 얼굴조차 제대로 알리지 못하고 프로게이머를 포기했다. 이 부분에 대해서는 나중에 자세히 살펴보자.

여차저차 해서 게임단의 주전 선수가 되었고, 방송 경기에 출전할 수 있을 정도의 실력을 키웠다고 하자. 감독이 방송 경기에 출전 지시를 내렸다면 이제 진짜 실전이다. 텔레비전으로 다른 프로게이머들이 게임을 하는 것을 보면서 프로게이머의 꿈을 키웠을 것이다. 이제는 자신이 그러한 프로게이머가 되는 것이다. 진정한 의미의 프로게이머가 되었다고 볼 수 있다.

선수들에 따라 조금씩 다르겠지만 보통 방송 경기 당일에는 신경이 극도로 예민해진다. 아침에 일어나는 순간부터 다른 날과는 다른 기분이 든다. 나는 방송 경기 시작 전에 긴장이 되어 항상 화장실에 갔다. 프로게이머가 자신의 마우스와 키보드 그리고 각종 개인장비를 챙겨가는 것은 이제 상식이 되었다. 오래 전에 나는 어떤 선수가 본인의 마우스와 키보드를 가지고 경기장에 왔을 때, '아, 그냥 경기장에 준비된 걸로 하면 되지, 무슨 호들갑인지' 라고 생각했다. 하지만 경기장이 본인의 집이 아닌 이상 자기가 평소에 연습하던 환경과 같을 수가 없다. 프로게이머는 마우스의 미세한 감도만 바뀌어도 집중력이 크게 떨어진다. 따라서 대부분의 프로게이머는 본인의 연습 환경과 실제 경기장의 환경을 최대한 유사하게 맞추려고 한다. 어떤 선수는 자를 챙겨오기도 한다. 모니터, 키보드, 마우스 패드의 위치를 연습 환경과 완전히 동일하게 맞추기 위해서다. 사실 키보드가 살짝 틀어져있든 모니터가 조금 비뚤어져 있든 큰 상관은 없다. 그러나 장비를 그렇게 위치함으로써 평소에 연습하는 환경과 경기장 환경이 완벽하게 동일하다는 마인드컨트롤을 한다.

경기장에 도착해서 마우스와 키보드 등 장비를 교환하고 점검한다. 그런 다음에는 메이크업을 받는다. 얼굴에 간단히 화장을 하고 헤어스타일도 정리한다. 방송 경기에 비춰지는 프로게이머의 외모가 멋지다고 생각해보지 않았는가? 눈부신 조명의 영향도 있겠지만 방송국 메이크업 아티스트가 선수의 외모를 멋지게 꾸며준다. 나는 얼굴에 화장을 하니 답답하기도 하고 게임에 집중이 잘 안 되는 느낌이 들었다. 그래서 웬만하면 메이크업을 받지는 않았지만 메이크업을 하면 화면에 확실히 더 멋지게 비춰진다.

프로게이머뿐만 아니라 경기를 중계하는 게임 캐스터와 해설자도 자리를 잡는다. 경기장 앞에서 경기가 시작하기를 기다렸던 팬들도 입장하기 시작한다. 리그오브레전드의 경우 유료관람임에도 불구하고 많은 팬들이 경기를 직접 관람하러 온다. 팬들이 자리를 다 채우고 경기시간이 가까워지면 프로게이머는 기분 좋은 설

렘을 느낀다. 어떤 선수는 손에 땀이 날 정도로 긴장하기도 한다. 팬들의 환호 속에 경기가 시작 되고, 경기를 통해 승패가 정해지면 방송 경기가 마무리된다. 리그오브레전드는 리그전의 형식을 취하며 각 게임단마다 매주 한 경기 또는 두 경기를 소화한다. 리그가 끝나면 최종 순위에 따라서 받게 되는 상금과 영광이 달라진다.

경기가 끝나면 게임단에서 지원해주는 밴을 타고 합숙소로 돌아온다. 앞으로 남아 있는 경기 일정에 따라서 하루 또는 이틀의 휴식 시간이 주어지기도 하고, 곧바로 연습에 들어가기도 한다. 프로게이머는 방송 경기에서 좋은 플레이를 선보이려고 한다. 그리고 이기는 모습을 가족과 팬들에게 보여주기 위해서 최선을 다 한다. 본인의 경기가 방송에 나가는데 어느 누가 이기고 싶지 않겠는가? 그러나 승자가 있으면 패자가 있는 법이다. 승패를 떠나서 지금도 키보드와 마우스를 두드리고 있을 프로게이머들에게 박수를 보내고 싶다.

❻
프로게이머로 성공하기 위한
필수 조건

　프로게이머로 성공하기 위해서 가장 중요한 것은 무엇일까? 당연한 말이지만 실력이 가장 중요할 것이다. 실력이 받쳐줘야 게임단에 입단할 수 있을 뿐만 아니라 프로게이머가 된 이후에도 승승장구 할 수 있다. 실력이 부족하면 프로게이머가 될 수 없다. 그러나 실력이 뛰어나다고 해서 모두 프로게이머로 성공하는 것은 아니다. 프로게이머로 오랜 시간 동안 좋은 모습을 보여주기 위해서는 실력 이외에 갖춰야할 것들이 많다. 어떤 덕목들이 프로게이머에게 필요할까? 천천히 하나하나씩 살펴보자.

첫 번째는 철저한 자기관리다. 자기관리 중요성은 아무리 강조해도 지나치지 않다. 자기관리와 관련된 책만 수백 권이 있을 정도로 단어 하나에 포함된 의미가 광범위하고 추상적이다. 프로게이머로서 자기관리라고 하면 몇 가지로 압축할 수 있다.

우선 규칙적이고 건강하게 생활하는 습관이 중요하다. 어떤 일을 하던지 건강은 중요하다. 몸이 아프면 아무것도 할 수 없기 때문이다. 이는 프로게이머도 마찬가지다. 오랜 시간 게임에 집중하기 위해서는 건강한 신체가 필수다. 아무리 게임을 좋아하는 프로게이머라고 해도 매일 컴퓨터 앞에 앉아서 오랫동안 집중하면 건강을 해치기 마련이다. 어떤 선수는 허리디스크로 고생을 하여 한 게임이 끝날 때마다 스트레칭을 했다. 마우스를 오랜 시간 움직여서 생기는 손목 터널증후군으로 장기간 고생한 선수도 있다. 또 다른 병으로는 안구건조증이 있다. 사람은 무언가에 집중하면 눈을 깜빡거리는 횟수가 줄어든다. 게임을 하다 보면 오랜 시간 눈을 깜박이지 않고 모니터를 보게 된다. 이로 인해 심한 안구건조증으로 안약을 늘 가지고 다니는 선수도 있다.

나도 게임을 하면서 큰 병을 앓았다. 내가 프로게이머로 데뷔한 것은 고등학교 2학년 때다. 고등학교 3학년 수험생이 됐을 때, 프로게이머를 계속 할 것인지 아니면 공부에 집중할 것인지 고민을 많이 했다. 고민 끝에 결국 나는 부모님과 약속을 했다. 수학능력시험이 끝나면 곧바로 프로게이머를 다시 하겠다는 약속이었다.

시간이 흘러 수능시험이 끝나자마자 바로 서울에 있는 게임단에 다시 복귀했다. 빨리 실력을 끌어올리기 위해서 연습을 하고 있었는데, 어느 날 갑자기 몸에 힘이 들어가지 않았다. 병원을 찾아가니 의사는 내게 '영양실조'와 더불어 '늑막염' 이라는 병에 걸렸다고 말해주었다. 영양실조는 무슨 말인지 알겠는데 늑막염은 처음 듣는 병명이었다. 늑막염이란 폐에 물이 차오르는 병인데, 폐가 깨끗하게 비어있지 않으니 깊이 숨을 쉬는 것이 힘들었다. 당시에 나는 하루라도 빨리 주전 선수가 되고 싶은 마음만 가득해 내 몸을 제대로 돌보지 않았고, 밥도 잘 챙겨먹지 않았다. 잠도 제대로 자지 않아 눈 밑에는 다크서클이 자리를 잡았다. 그 때 생긴 다크서클이 아직도 남아 있다. 모든 것은 자기관리를 못한 탓이었다.

부모님과 의사선생님은 몸이 건강해질 때까지는 게임을 하지 말라고 했다. 건강을 제대로 못 챙긴 내 잘못이었기에 프로게이머의 꿈은 잠시 포기했다. 나는 울며 겨자 먹기로 고향인 부산에서 대학교를 다닐 수밖에 없었다. 현재 프로게임단은 선수들의 건강을 생각하여 가사를 전담해주는 사람을 따로 게임단에 둔다. 식사는 물론이고 게임 외적인 부분은 신경을 안 써도 될 정도로 많은 지원을 해주고 있다. 하지만 본인의 건강은 본인이 챙겨야 한다. 오랜 기간 동안 프로게이머로 활동하고 싶다면 밥을 잘 먹고, 운동과 스트레칭을 꾸준히 해주는 것이 좋다.

두 번째는 게임에 집중하는 능력이다. 프로게이머로서 어느 정도 위치에 올라가게 되면 과도한 연습은 실력 향상에 도움이 되지 않을 때가 있다. 연습생일 때는 최대한 게임을 많이 하는 것이 좋다. 기본기를 익혀야하고 겪어보지 못한 변칙적인 상황에 대처하는 방법을 터득해야하기 때문이다. 하지만 주전 프로게이머가 되면 연습량과 실력 향상이 항상 비례하지 않는다. 기본적으로 손이 녹슬지 않을 정도의 연습량은 유지하되, 집중력을 가지고 연습을 하는 것이 더 나을 때가 많다.

앞에서 잠깐 얘기했지만 프로게이머가 되기 위해서는 생각 없이 게임하면 안 된다. 어떤 플레이를 펼쳤다면 왜 그런 플레이를 했는지 자기만의 판단 기준이 뚜렷해야 한다. 그 판단이 결과적으로 봤을 때 최선의 플레이인지 아닌지는 둘째 문제다. 최선의 플레이가 아니었다면 코치나 동료 선수들의 조언을 받고 개선하면 된다. 하지만 아무런 생각 없이 손가락만 놀리고 있으면 연습을 하고 있되 연습을 하지 않는 것이 된다. 프로게이머끼리의 승부에서는 단 몇 초의 차이로 승패가 갈라진다. 순간적으로 정확한 판단을 빠르게 내릴수록 유리하다. 그 판단이 쌓이고 쌓여서 시간이 지날수록 차이가 커진다. 이런 판단 능력을 키우기 위해서는 연습 게임을 실전처럼 최대한 집중해서 해야 한다.

세 번째는 자신감이다. 자신감은 프로게이머의 생명과도 같다. 자신감이 넘칠 때는 질 거라는 생각이 들지 않는다. 어떤 선수를 상대해도 가뿐히 이길 수 있을 것 같다. 이는 실제 경기에서 그대로 드러난다. 자신감이 있는 선수는 자기가 하고 싶은 것을 자유자재로 한다. 어떤 플레이를 해도 이길 자신이 있기 때문이다. 반대로 자신감이 없는 선수는 제대로 플레이를 펼치지 못한다. 항상 모든 경우의 수를 생각하고 자기도 모르게 수비적으로 게임을 하게 된다. 프로게이머들은 누구나 좋은 싫든 이런 경험을 한다. 전성기일 때는 거칠 것이 없다. 하지만 어느 순간 자신감이 떨어지고 패배에 익숙해지면서 프로게이머를 그만 두게 된다. 자신감을 오래 유지할 수 있으면 프로게이머로 오랜 시간 성공적으로 활동할 수 있다.

마지막은 인성이다. 프로게이머로서 자기관리를 철저하게 하고, 게임에 집중하고, 자신감을 가지는 것 당연해 보인다. 하지만 인성이 중요하다고 하는 것에 의문을 품을 수도 있다. '인성이 안 좋다고 게임을 못하는 것도 아니고, 프로게이머가 게임만 잘하면 되지 인성까지 좋아야 되나' 라고 생각할 수도 있다. 그러나 나는 인성이야 말로 프로게이머로 성공하기 위해 가장 중요한 핵심 덕목이라고 생각한다.

앞에서 서술했듯이 프로게이머들은 합숙 생활을 한다. 같은 공간에서 살을 부대끼며 생활을 하다 보면 선수들끼리 부딪치는 일이 생기기 마련이다. 이는 매우 자연스러운 현상이다. 생각해보라. 정말 친한 친구들끼리도 같은 공간에서 오래 생활하다보면 싸우기 마련이다. 사람마다 살아온 환경이 다르기 때문이다. 하물며 애초에 알지도 못했던 사람들이 같은 공간에서 생활하면 어떻겠는가? 아무래도 마찰이 생기거나 다툴 일이 많을 것이다.

프로게이머는 동료들과 관계가 좋을수록 유리하다. 선수들과의 관계가 좋으면 다른 선수에게 건설적인 조언을 받을 수 있다. 같이 연습하기도 훨씬 수월하다. 좋아하는 사람과 함께 게임을 하고 싶을까? 싫어하는 사람과 함께 게임을 하고 싶을까? 사람은 누구나 마찬가지다. 자기가 좋아하고 편한 사람과 게임을 하고 싶어 한다. 내가 프로게이머 생활을 할 때를 돌이켜봐도, 실력이 뛰어나고 유명한 선수들이 그렇지 않은 선수들보다 주변 사람들과 관계가 좋고 선, 후배들을 잘 챙겼다. 그들은 오랫동안 프로게이머로 활동했고 항상 남들에게 귀감이 되는 모습을 보여줬다. 프로게이머로서 실력뿐만 아니라 성격까지 좋다면 긴 시간동안 성공적으로 선수 생활을 할 수 있을 것이다.

⑦
프로게이머의 장점

　프로게이머를 직업으로서 평가한다면 어떨까? 프로게이머는 자신의 직업에 만족하고 있을까? 선수들마다 조금씩 다르겠지만 대체적으로 좋은 평가를 내릴 것이다. 프로게이머는 백이면 백 본인이 원해서 프로게이머가 되었을 것이다. 자기가 하고 싶은 일을 직업으로 가질 수 있는 경우는 흔치 않다. 이것만으로 프로게이머의 직업 만족도가 높은 이유를 설명할 수 있다. 물론 프로게이머가 좋은 점만 있는 것은 아니다. 치열한 경쟁을 해야 하기 때문에 그것 자체만으로도 힘들 것이고, 남다른 고통도 물론 있다. 프로게이머 역시 다른 직업과 마찬가지로 장점과 단점이 있을 것이다. 여기서는 프로게이머의 장점에 대해서 말해보려 한다.

프로게이머의 가장 큰 장점은 주위 사람들에게 '프로'로 대우받을 수 있는 점이다. 누군가가 나를 인정해준다는 것은 커다란 기쁨이며 행복이다. 프로게이머가 되는 순간 자신감이 폭발적으로 상승하게 된다. 앞으로 어떤 일을 해도 잘 할 수 있을 것이라는 믿음이 생긴다.

나는 프로게이머에 도전하면서 자존감이 아주 높아졌다. 고등학교 2학년 때, '온게임넷 스타리그' 라는 대회 예선에 출전했다. '온게임넷 스타리그'는 온게임넷 (지금의 OGN) 이라는 케이블 방송사에서 개최하는 대회다. 시청자들이 가장 많이 보는 스타크래프트 게임 방송이고, 대회에서 우승하는 선수는 큰 상금과 함께 명예를 얻었고 유명세를 탔다. 임요환, 홍진호, 기욤패트리 등 많은 1세대 프로게이머들이 온게임넷 스타리그를 통해서 대중적인 스타가 됐다. 프로게이머들은 이 대회에 진출하기 위해서 피나는 노력을 했다.

예선전을 준비하면서 연습을 참 많이 했다. 하지만 학교를 다니면서 연습을 하는 데에는 한계가 있을 수밖에 없었다. 학교를 마치고 집에 도착하면 온라인에 접속해서 고수들의 플레이를 따라하며 연습했다. 경쟁자들은 본선에 진출하기 위해서 잠을 줄여가며 연습했을 것이다. 나는 큰 기대를 가지지 않고 예선에 출전했다. 그런데 놀랍게도 예선 토너먼트에서 3연승을 거둬 본선 무대에 진출했다. 운이 좋았다. 스타크래프트는 세 가지 종족이 있다. 플레이어는 세 가지 종족 중에 하나를 선택해서 플레이를 한다. 나는 예선전에서 '저그'라는 종족을 플레이하는 프로게이머만 상대했다. 아마 다른 종족을 하는 선수를 만났다면 바로 예선에서 탈락했을 것이다.

본선에 진출할 수 있는 선수는 나를 포함하여 16명밖에 되지 않았다. 본선부터는 모든 게임이 전국으로 생방송 되고 수많은 시청자들이 보게 된다. 그런 대회에 고등학생인 내가 본선에 진출한 것이다. 내가 예선 토너먼트 최종전에서 승리하여 본선진출을 확정하는 순간부터 주변에서 나를 대하는 시선이 달라졌다. 촬영 카메라가 내 앞으로 불쑥 나타나더니 승리한 소감을 물어보았다. 카메라 앞에서 뭐라고 얘기했는지는 잘 기억나지 않지만 벅차오르는 기쁨을 주체할 수 없었다. 다음날, 내가 학교에 가니 선생님과 친구들은 나를 아주 대단한 사람인 것처럼 대우해주었다. 나는 하루 만에 게임을 좋아하는 학생에서 프로게이머가 되었고, 프로로 대접 받았다. 친구들은 나를 인정하고 존중해주었다. 누군가가 나를 좋아해주고 내가 하는 일에 응원을 해주는 것은 특별한 경험이었다. 이런 경험을 통해서 나는 나를 더 좋아하게 되었다. 그리고 주변 사람들도 사랑할 수 있었다.

프로게이머는 대부분 자기도 모르게 긍정적인 성격을 가지게 된다. 프로게이머는 항상 새로운 전략을 추구한다. 남들보다 조금이라도 더 잘하기 위해서 늘 새로운 방법을 시도하고 연구한다. 전략을 구상하다보면 '이 전략은 안 될 것 같은데' 라는 생각이 들기도 한다. 그러나 아무리 특이한 전략이라고 해도 일단 시도해본다. 직접 해보기 전에는 정말 좋은지 아닌지 알 수 없기 때문이다. 다른 프로게이머의 게임 방식과는 전혀 다른 전략을 써서 승리를 했을 때는 짜릿함을 느낀다. 이는 또 다시 새로운 전략을 구상하기 위한 디딤돌이 되어준다. 일단 해보자는 긍정적인 마음가짐을 가지고 있으면 어떤 것을 보던지 좋은 면을 먼저 보게 된다. 자연스럽게 밝은 사람이 된다.

게임을 통해서 돈을 벌 수 있는 점도 큰 매력이다. 프로게이머의 수익은 얼마정도 될까? 이는 프로게이머의 인기, 지명도, 그리고 게임단의 지원 여부에 따라 차이가 있다. 내가 프로게이머일 때, 주전 선수가 되어 게임단과 연봉계약을 했을 때 받았던 연봉은 2천만 원 정도였다. 여기에 방송 경기 상금, 출연료, 기타 수익을 포함하면 한 해에 3천만 원 조금 넘게 벌었던 것 같다.

실력이 뛰어나고 인지도가 높은 선수들의 연봉은 1억 원을 훌쩍 넘었다. 내가 활동했을 당시에는 스타크래프트가 최고의 전성기를 누렸을 때다. 프로게임단은 유명한 선수를 스카우트하기 위해서 높은 연봉을 지급했다. 지금은 상황이 조금 달라졌다. 여전히 인지도에 따라서 수입이 많은 선수들도 있을 것이고, 적은 선수들도 있을 것이다. 하지만 그 액수는 예전만큼 높지는 않은 듯하다.

해외로 진출 하는 선수도 있다. 리그오브레전드의 경우에는 프로게이머가 참여하는 정기적인 대회가 우리나라뿐만 아니라 중국과 유럽 등지에서도 개최되고 있다. 중국 프로게임단은 실력이 뛰어난 우리나라 프로게이머에게 고액의 연봉을 제시하고 스카우트하기도 한다. 해외에서 활동하는 만큼 연봉은 우리나라보다 더 많이 받을 수 있다. 10대 후반, 20대 초반의 나이로 이런 돈을 벌 수 있는 일은 많지 않을 것이다.

프로게이머의 또 다른 장점 중 하나는, 프로게이머가 되기 위한 제약이 거의 없다는 점이다. 프로게이머가 되는 것은 어려우나 프로게이머에 도전하는 것은 남녀노소 누구나 할 수 있다. 비용도 들지 않는다. 운동선수, 연주가 등 다른 예체능 계열과 비교하면 그 차이는 명확하다. 운동선수가 되기 위해서는 우선 건강한 신체가 필수다. 이는 노력을 한다고 해결되는 부분이 아니다. 프로농구를 예로 들어보자. 키가 작다고 해서 프로 선수가 될 수 없는 것은 아니다. 하지만 키가 크면 유리한 점이 굉장히 많다. 공격과 수비를 할 때 키가 클수록 유리한 것은 자명하다. 비단 프로농구뿐만 아니라 모든 프로 운동선수는 그 운동에 상응하는 신체를 가지고 있어야 한다.

또 다른 예를 들어보자. 바이올리니스트로 성공을 하고자 하면 수백만 원을 넘는 바이올린이 필요하다. 고가의 악기는 기본이고, 그보다 더 많은 비용을 레슨비로 지불해야할 것이다. 혼자 연습하는 데에는 한계가 있기 때문이다. 이에 비해 프로게이머는 어떤가? 집에 컴퓨터 한 대만 있으면 누구라도 프로게이머에 도전할 수 있다. 내가 어릴 때만 해도 컴퓨터는 상당한 고가품이었다. 컴퓨터를 하나 장만하려고 하면 목돈이 들었다. 하지만 지금은 몇 십만 원을 투자하면 누구나 고성능의 컴퓨터를 구입할 수 있다. 프로게이머가 되기 위해서가 아니라고 해도 대부분의 가정에 컴 퓨터는 있을 것이다.

프로게이머가 되기 위해서 프로농구 선수처럼 키가 크거나 신체 가 우람하지 않아도 된다. 돈이 없어도 된다. 장소의 제약도 없다. 프로게이머가 되기 위해서 미리 배워야하는 지식도 없다. 컴퓨터 를 켜고 게임을 실행할 수 있기만 하면 된다. 누구나 언제든지 프 로게이머에 도전할 수 있다. 이는 많은 사람들이 프로게이머를 꿈 꾸는 이유 중 하나일 것이다.

자기가 좋아하는 일을 하면서 많은 돈을 벌고, 남에게 인정받 을 수 있는 직업이 과연 몇이나 될까? 자의든 타의든 본인이 하고 싶지 않은 일을 하면서도 그만두지 못하고 어쩔 수 없이 일을 하 는 경우가 많다. 프로게이머는 이와 정확하게 반대이다. 프로게 이머가 되기 쉽다거나 만만한 직업은 절대 아니다. 매일같이 게임 을 하는 것이 쉽다는 얘기도 아니다. 그저 본인의 재능과 노력 여 하에 따라서 누구라도 프로게이머가 될 수 있고, 자기가 좋아하는 일을 직업으로 하면서 인생의 한 부분에 굵직한 점을 찍을 수 있 다.

❽
프로게이머의 밝은 그림자 '팬'

　모든 스포츠 경기에는 선수를 응원하는 '팬'이 있다. 프로축구를 예로 들어보자. 어떤 사람은 집에서 텔레비전으로 축구 경기를 시청한다. 직장인들은 일이 끝나고 근처 호프집에 가서 맥주를 들이키며 축구 경기를 관전한다. 축구를 정말 좋아하는 사람은 직접 경기장에 찾아간다. 실제 경기장에서 환호성을 지르며 선수들이 좋은 모습을 보여주기를 응원한다. 어떤 사람은 경기 결과만 확인한다. 내가 응원하는 팀의 순위는 몇 등인지 인터넷으로 찾아본다. 그들이 축구를 좋아하는 정도와 응원하는 방식은 각각 다르지만 조금이라도 관심을 가지고 지켜봐준다면 그들 모두를 축구 '팬'

이라고 할 수 있다.

e스포츠의 주인공이라고 할 수 있는 프로게이머에도 팬이 있다. 게임 방송 경기가 있으면 텔레비전으로 경기를 시청하는 사람들이 있다. 경기장에 직접 찾아와서 힘내라고 파이팅을 외쳐주는 사람들이 있다. 인터넷에는 게임 커뮤니티가 있다. 경기가 끝나면 경기 내용을 분석하고 글을 쓰는 사람들이 있다. 그 글에 댓글을 남기는 사람들이 있다. 이런 수많은 게임 팬들이 있기에 프로게이머라는 직업이 생겨날 수 있었다. 덕분에 프로게이머는 게임을 하면서 돈을 벌 수 있게 되었다.

그렇다면 언제부터 프로게이머에게 팬이 생겼을까? 프로게이머라는 직업이 생기고 얼마 되지 않은 시기에는 경기장 객석에 관중이 많지 않았다. 게임 방송이 진행되는 스튜디오에는 프로게이머와 게임 관계자들이 대부분이었다. 서울 삼성동 코엑스에 들어와서 안쪽으로 쭉 걸어오면 영화관이 있다. 영화관 옆에는 커다란 PC방이 하나 있었다. PC방 안쪽에 프로게이머의 경기를 진행하는 조그마한 공간이 있었다. 온게임넷 스타리그 경기는 여기서 진행되고 방송되었다. 앉아서 경기를 관람할 수 있는 의자도 별로 없을 정도의 작은 공간이었다. 게임을 보러온 관객들은 영화 관람을 위해 표를 예매하고, 영화가 시작할 시간까지 빈 시간을 보내기 위해 잠시 들린 사람들이었다.

그러던 어느 순간 스타크래프트는 하나의 문화가 되었고, 많은 사람들이 스타크래프트를 방송 경기를 즐기고 시청하기 시작했다. 프로게이머들은 멋진 플레이로 이에 보답했다. 잘생긴 외모도 한몫했다. 무슨 이유인지 모르겠지만 프로게이머 중에 외모가 수려한 사람이 참 많았다. 뛰어난 실력과 멋진 외모로 스타가 되는 프로게이머가 하나 둘씩 생겨났다. 팬들은 그들을 실제로 보기 위해서 경기장으로 직접 찾아왔다. 몇 명의 게임 관계자만 서성거렸던 경기장은 관객들로 인해 발 디딜 틈도 없는 공간이 되었다. 경기장에 관중들이 꽉 찬 나머지 경기장 바깥에 앉아서 응원하는 팬들이 있을 정도였다.

아마 이 때부터 진정한 의미의 프로게이머 팬들이 생겨났다고 봐야할 것 같다. 팬들은 프로게이머의 경기를 보기 위한 목적 하나로 경기장을 찾았다. 선수들이 좋은 플레이를 펼칠 수 있도록 음료수를 건네주거나 손수 음식을 만들어서 주기도 했다. 경기가 끝나면 선수들이 경기장에서 나올 때 까지 오랜 시간 기다려주었다. 선수가 나오면 손으로 쓴 편지를 건네주고 다음 경기도 힘내라는 응원을 해주었다.

팬들은 오프라인뿐만 아니라 온라인에서도 활발하게 활동을 이어갔다. 포털 사이트 '다음'에 프로게이머를 공식적으로 응원하는 팬 카페를 개설했다. 유명 선수들의 팬 카페는 회원 수가 몇 십만 명이 되었다. 팬들은 마치 아이돌 그룹을 좋아하듯이 선수들에 대한 정보를 서로 주고받았다. 선수들의 일정을 파악했으며, 선수들이 좋은 경기를 펼칠 수 있도록 응원하는 메시지를 남겼다. 팬들은 선수들을 응원하기 위한 플래카드를 가지고 경기장에 찾아 왔다. 경기장 곳곳에는 각종 플래카드들이 보였다. 일부 팬들은 포토샵으로 프로게이머를 다른 것들과 합성해서 재미있는 볼거리를 만들어오기도 했다. 팬들은 신세대 응원 문화를 선도했고, 그들이 사용한 용어들과 응원 방식은 야구, 축구, 농구 등 다른 프로스포츠에도 전파되었다.

나를 응원해주는 팬들도 있었다. 방송 경기가 있을 때 마다 경기장에 직접 찾아와서 편지와 함께 간식, 음료수 등을 건네줬다. 쑥스러워서 제대로 감사의 인사를 드리지는 못했지만 지나고 나서 생각해보니 얼마나 감사했는지 모르겠다. 프로게이머를 그만뒀을 때도 가장 많이 슬퍼해주고 격려해준 사람은 부모님과 친구들이 아닌 팬들이었다.

지금도 여전히 프로게이머를 응원해주는 고마운 팬들이 존재한다. 리그오브레전드의 경우 프로야구처럼 인터넷을 통해 객석을 예매할 수 있는데, 객석이 몇 분 만에 매진될 정도로 팬들에게 인기가 많다. 유료 관람임에도 불구하고 표를 구하기가 하늘의 별따기라고 한다. 경기장을 보면 자리에 앉지 못해 뒤에 서서 경기를 관람하는 팬들도 있다. 직접 경기장에 찾아오는 팬들 이외에도 텔레비전, 컴퓨터, 스마트폰 등으로 시청하는 팬들의 수를 합치면 가히 짐작하기 어려울 정도로 많은 사람들이 경기를 관람한다.

누군가가 나를 좋아해주면 처음에는 고맙다가 그것이 익숙해지면 점점 무덤덤해진다. 부모님이 자식을 사랑하는 마음을 자식은 당연한 것처럼 생각하는 것과 비슷하다. 나도 프로게이머로 활동할 때에 팬들이 경기장에 찾아오는 것을 어느 순간 당연한 것처럼 느꼈던 적도 있었다. 뒤돌아서 생각해보면 너무나 오만한 생각이었다. 팬들이 없으면 프로게이머는 존재할 수 없다. 프로게이머가 있기에 팬이 있는 것이 아니라 팬이 있기에 프로게이머가 있을 수 있다. 프로게이머가 팬들의 관심에 감사하는 마음을 가지고 연습에 열중한다면 힘든 과정도 쉽게 이겨낼 수 있을 것이라 생각한다.

⑨
프로게이머의 고민

　세상에 고민 없는 사람은 없을 것이다. 모든 사람에게는 자기가 처한 환경에 따라 수많은 고민을 안고 살아가고 있다. 취업을 고민하는 사람은 취업에 대한 고민을 할 것이고, 아픈 사람은 어떻게 하면 건강해질지에 대해 고민할 것이다. 자기가 좋아하는 게임을 직업으로 삼은 프로게이머는 어떨까? 하고 싶은 일을 하면서 수익을 창출하는 프로게이머에게도 고민이나 힘든 점이 있을까? 동전에 앞면과 뒷면이 있듯이 프로게이머에게도 밝은 모습이 비춰지는 앞면이 있다면 어두운 뒷면도 함께 존재한다. 여기서는 프로게이머의 힘든 점과 더불어 그들의 고민과 관련된 내용에 대해 얘기해보려고 한다. 프로게이머의 어려운 부분에 대해서도 공감해주길 바라며, 프로게이머를 목표로 하는 이들에게 조금이나마 도움이 되었으면 좋겠다.

프로게이머의 가장 힘든 점은 게임을 해야 하는 것이다. 게임을 좋아해서 프로게이머가 되었는데 게임하는 것이 가장 힘들다니 도대체 무슨 말인가 싶다. 하지만 대부분의 프로게이머가 게임하는 것을 힘들어한다. 의심스럽다면 지금 당장 어떤 일을 하루 종일 해야 한다고 상상해보라. 자기가 가장 좋아하는 취미 활동을 하루 종일 해본다고 생각하면 도움이 될 것이다. 예를 들어 춤추는 것이 좋아서 하루 종일 춤을 춘다고 생각해보자. 다음과 같은 일정을 소화하게 될 것이다.

아침에 눈을 뜬다. 아침을 먹고 소화를 시킬 겸 춤을 추기 시작한다. 이 춤을 췄다가 저 춤도 춰본다. 춤을 정말 잘 추는 가수들 영상을 보면서 따라서 춤을 춘다. 시계를 보니 점심시간이다. 허기가 지는 것 같다. 배부르게 점심을 먹고 다시 춤을 춘다. 혼자서 춤을 추니 어쩐지 별로 재미가 없다. 댄스 동호회에 나가서 사람들과 함께 춤을 춘다. 집중해서 춤을 추다보니 벌써 해가 뉘엿뉘엿 진다. 배가 고프니 된장찌개 생각이 난다. 저녁을 든든하게 먹고 집으로 돌아온다. 집에서 다시 춤을 열심히 춘다. 손의 위치를 어떻게 둬야 멋있어 보이는지 고민한다. 한껏 춤을 추다보니 벌써 잠이 들 시간이다. 몸은 천근만근이다. 간단하게 씻고 잠자리에 든다. 어떤가? 해볼만 하다는 생각이 드는가? 하루는 해볼만 하다는 생각이 든다. 내가 정말 좋아하는 춤이니까. 하지만 이런 하루를 매일 반복해야 한다면 어떨까?

위의 예에서 춤을 게임으로 바꾸면 정확하게 프로게이머의 일상이 된다. 아무리 게임을 좋아한다고 해도 조금 힘들 것 같다는 생각이 들지 않는가? 프로게이머가 하는 게임은 아마추어가 즐기는 그저 그런 게임이 아니다. 일반인들이 집에서 심심할 때, 자기가 하고 싶은 게임을 즐기는 것과는 차원이 다르다. 나를 위해서, 그리고 동료를 위해서, 더 넓게 보면 본인이 속한 팀을 위해서 연습을 해야 한다. 앞에서도 서술했지만 한 게임, 한 게임 대충 게임하면 절대 안 된다. 온몸의 세포와 신경을 최대한 집중해서 게임에 임해야 한다. 연습을 통해서 실력이 늘면 그나마 다행이지만 실력이 늘지 않는 것 같다는 느낌을 받을 때는 그것보다 힘든 일이 없다.

'개그콘서트', '웃찾사' 등 코미디 프로그램으로 관중들에게 웃음을 선사하는 코미디언. 방송에서 보이는 그들은 정말 말을 참 재미있게 잘한다. 어떻게 그렇게 사람들을 웃게 만들 수 있는지 궁금할 정도다. 하지만 코미디언이 실생활에서는 다른 어떤 사람들보다 과묵하다는 얘기를 들어본 적이 있는가? 코미디언들은 한편의 코미디 프로그램을 구상하기 위해 매일 모여 아이디어를 회의를 한다고 한다. 하나의 코미디 프로그램을 창조하고 수정하기를 반복한다. 방송 PD에게 수차례 평가를 받는다. 과연 관중들이 재미있어 할지 아닐지 고민하는 과정은 코미디에 문외한인 내가 생각해도 진이 빠질 정도로 힘들 것 같다. 그런 코미디언이 평소 생활에서도 프로정신을 발휘하여 남을 웃기고 싶은 생각이 들겠는가? 나라면 평소에는 남들에게 방해 받지 않고 조용한 곳에서 쉬고 싶을 것 같다.

프로게이머는 힘든 연습 과정을 감내하며 오로지 본인의 발전과 팀의 승리를 위해서 노력한다. 만약 '프로게이머 한 번 해볼까?'라는 호기심에 프로게이머를 꿈꾼다면 게임을 하루 종일 일주일 동안 해보는 것도 좋을 것이다. 다른 것은 아무것도 하지 않고 게임만 하는 것이다. 그렇게 일주일간 게임을 했는데도 '힘들지만 할만하다'라는 생각이 든다면 프로게이머에 도전해도 좋을 것이다. 만약 그게 아니라면 프로게이머의 꿈은 얼른 포기하는 것이 본인뿐만 아니라 주변사람을 위한 길이다.

프로게이머의 또 다른 힘든 점들 중 하나는 승패가 명백하다는 점이다. 게임에는 무승부가 없다. 간혹 무승부 경기가 있기는 하지만, 극히 드문 경우이며 100에 99는 승부가 난다. 승패가 명확하다는 것의 의미는 승자와 패자가 항상 같이 존재한다는 점이며 이는 패자에게는 큰 상처가 된다. 승부의 세계에서는 승자에게 모든 영광이 쏟아지며 패자에게는 아픔만 남게 된다. '7전 8기', '패배하면 모든 것을 배울 수 있다' 등의 명언들도 있지만 정작 패배한 본인에게는 스트레스만 남을 뿐이다.

부끄러운 과거이지만, 내가 공군 소속 프로게이머로 대회에 참여했을 때 10연패를 한 적이 있다. 2007년 당시 공군에는 프로축구 상무와 같이 군 소속 프로게이머로서 대회에 참여할 수 있는 게임단이 있었다. (현재는 폐단 되었다.) 나는 개인전과 단체전을 오가며 경기에 참여했는데, 개인전에서는 한동안 승리를 거의 거두지 못했다. 내가 상대한 프로게이머들이 전부 각 팀에서 가장 잘하는 프로게이머이기도 했지만, 2연패, 3연패, 9연패, 10연패 하면서 받았던 스트레스는 지금 생각해봐도 머리가 지끈거릴 정도다. 어찌나 힘들었는지 다시는 떠올리고 싶지 않은 기억 중에 하나가 되었다. 내가 계속 패배하면서 팀 동료들을 포함해서 우리 팀을 응원하는 관중들의 시선은 싸늘해졌다. 게임에 져서 스스로 자존심이 상하는 것보다 동료선수들과 응원을 와준 팬들에게 미안한 마음에 더 힘이 들었다.

마지막으로 프로게이머가 하는 가장 큰 고민은 선수 생활을 언제까지 지속할 수 있을지에 대한 불안감이다. 프로게이머의 수명은 다른 직업에 비해 짧다. 대부분의 선수들이 20대 중반이 되기 전에 프로게이머를 그만 둔다. 나이가 들수록 실력도 실력이지만 미래에 대한 걱정이 앞서기 시작한다. 이는 우리나라 징병제도와도 관련이 있다. 대한민국 남자라면 누구라도 예외 없이 군대에 입대해야 한다. 군대에 입대하게 되면 약 2년 동안은 게임을 할 수가 없기 때문에 게임에 대한 감각이 떨어질 수밖에 없다. 따라서 프로게이머들은 갖은 방법을 동원해서 입대 시점을 최대한 연기하고 선수 생활을 계속하려고 한다. 프로게이머 활동을 지속하다가 어느 순간 다른 선수들보다 실력이 부족해져 더 이상 프로게이머로서 활약하기가 어렵겠다는 생각이 들면 군대에 입대한다.

'프로게이머로서 선수생명이 얼마나 될까?', '내가 언제까지 연봉을 받으며 게임을 할 수 있을까?', '군대를 얼른 다녀오고 하루라도 젊을 때 빨리 다른 길을 알아봐야하는 것 아닌가?' 등의 미래에 대한 불안감은 게임에 집중하기 어렵게 만든다. 물론 10대 후반, 20대 초반처럼 나이가 어린 선수라면 이런 걱정은 시기상조이다. 선수들마다 차이가 있겠지만 어느 시점이 되었을 때, 미래에 대한 고민을 하지 않는 프로게이머는 없다.

물론 모든 일에 좋은 점만 있을 수는 없다. 연예인, 교사, 공무원, 샐러리맨, 자영업자 등 그 누구라도 본인만이 가지고 있는 고충과 어려움이 있을 것이다. 프로게이머도 마찬가지다. 만약 프로게이머를 꿈꾼다면 프로게이머의 화려한 부분만 바라보지 말고 어두운 부분도 함께 살펴볼 수 있는 시야를 가졌으면 좋겠다.

⑩
게임에도 재능이 있을까?

　게임을 하는 데 있어서 재능은 얼마나 영향을 미칠까? 앞서 프로농구선수의 예를 들어서 키가 크면 클수록 농구를 하는 데 유리하다는 얘기를 했다. 그렇다면 게임에도 재능이 필요한 것일까? 한번 살펴보자.

　모든 스포츠 선수는 개인마다 재능의 차이가 있다. 그 재능이 신체적인 재능일 수도 있고, 정신적인 재능일 수도 있다. 단거리 육상 선수를 예로 들면 2008년 베이징 올림픽에 혜성같이 등장해서 전 세계를 놀라게 했던 우사인 볼트라는 선수가 있다. 우사인 볼트는 태어났을 때부터 단거리 육상에 최적화된 재능을 가지고 태어났을 것이다. 만약 지금 이 순간부터 '이 다음 올림픽에서 금메달을 딸 거야' 라고 생각해서 집 앞 공원을 매일 같이 뛴다고 해도 우사인 볼트를 넘어설 수 있을까? 우사인 볼트는 주어진 재능에 노력을 더해서 세계 최고의 달리기 선수가 됐다. 개인적으로는 육상 경기 뿐만이 아니라 농구, 축구, 야구, 배구, 골프, 배드민턴 등 모든 스포츠에는 일정 수준 이상이 되기 위한 재능이 필수라고 생각한다.

프로게이머들이 활약하는 e스포츠 또한 스포츠의 일종이다. e스포츠란 컴퓨터 통신이나 인터넷 따위를 통해서 온라인상으로 이뤄지는 컴퓨터게임을 통틀어 이르는 말이다. 프로게이머들의 게임 경기에 e스포츠라는 용어가 쓰인지 꽤 오랜 시간이 지났다. 이제 e스포츠는 어엿한 하나의 스포츠로 자리를 잡아가고 있다. 앞서 모든 스포츠에는 재능이 필요하다고 했으니 e스포츠에도 필요한 재능이 있을 것이다. 게임을 잘하기 위한 재능은 어떤 것이 있을까? 마우스와 키보드를 빠르게 움직일 수 있는 순발력, 오랜 시간동안 게임에 집중할 수 있는 능력, 당황스러운 상황에서도 흔들리지 않는 정신력, 어떠한 순간에 어떤 판단을 내릴지 빠르게 결정할 수 있는 종합 판단력 등이 있겠다. 프로게이머는 꾸준한 연습을 통해서 이러한 재능을 더 날카롭게 가다듬고 발전시킨다.

내가 프로게이머를 하면서 느낀 점은 이러한 능력치에 한계점이 있다는 것이다. 보다 쉽게 설명하기 위해서 온라인 게임을 예로 들어보자. 게임을 플레이하는 유저는 본인이 성장시킬 캐릭터를 선택해서 이름을 짓고 게임을 시작한다. 게임을 시작하고 얼마 되지 않은 초반에는 캐릭터가 빨리 성장한다. 아주 짧은 시간에 캐릭터의 레벨이 금방 오른다. 몬스터를 처치하고 얻게 되는 아이템도 금방 좋아진다. 유저는 캐릭터가 끊임없이 성장하는 모습을 보며 재미를 느낀다. 하지만 어느 순간이 되면 캐릭터의 성장이 점점 둔해진다. 레벨을 한 단계 올리기 위해서 점점 많은 시간이 필요하게 된다. 보다 좋은 아이템을 얻는 것은 하늘의 별따기가 된다. 아이템의 능력치를 올리기 위해서는 그에 필요한 재료들을 수없이 모아야 된다. 캐릭터의 성장은 정체되고, 유저는 다른 게임을 찾아 떠나거나 새로운 캐릭터를 만들게 된다.

프로게이머도 이와 비슷하다. 처음에 학교에서 또래 친구들과 게임을 시작할 때는 모든 것이 새롭다. 친구가 가르쳐주는 하나의 비법에 실력이 급상승하기도 하고, 프로게이머들의 플레이를 따라하면서 실력이 일취월장하기도 한다. 실력이 늘어나는 것을 느끼면 느낄수록 흥미가 더 생긴다. 재미가 있으니까 계속해서 게임을 하게 된다. 게임을 하면 할수록 실력이 상승하는 선순환이 반복 되는 것이다. 조금만 더 연습하면 자기가 이 게임을 가장 잘하는 사람이 될 것만 같은 착각이 든다.

갑자기 찬물을 끼얹는 것 같아서 미안하지만 냉정하게 얘기하겠다. 일정 수준 이상까지 실력을 올리면 어느 순간 연습을 아무리 열심히 해도 실력이 늘지 않는다.

나는 고등학교 2학년 때, 처음 프로게이머로 데뷔했다. 고등학교 3학년, 대학교 1학년 때는 학업을 위해서 학교를 다녔다. 그리고 대학교 1학년을 마친 다음에 휴학을 하고 본격적인 프로게이머 세계로 다시 뛰어들었다. 프로게이머로서 치명적일 수도 있는 공백기가 있었지만 어느 정도 수준까지 실력을 키우는 것은 오랜 시간이 걸리지 않았다. 하지만 프로게이머 세계에서 최고의 자리에 올라가는 것은 다른 차원의 일이었다. 일단 프로게이머가 되었으면 어느 누구라도 최고가 되어 우승도 여러 번 하고 유명해지고 싶지 않겠는가. 나 역시 마찬가지였고 최고의 선수가 되기 위해서 열심히 연습했다. 그러나 1등이 되지는 못했다. 나는 팀 단위 경기인 프로리그에서는 우승을 해봤지만, 개인전에서는 그다지 좋은 성적을 거두지 못했다. 온게임넷 스타리그에서 두 차례 16강에 진출한 것이 전부였다.

프로게이머 중에 베르트랑이라는 외국인 프로게이머가 있다. 프랑스 사람인데, 한국으로 건너 와서 프로게이머로 활동했다. 당시 우리나라에서 개최되는 게임 리그에 참여한 외국인 프로게이머가 몇 명 있었는데, 베르트랑도 그 중 한 명이었다. 그의 대단한 점은 동시에 두 가지 다른 게임리그에 진출했다는 것이다. 두 가지 게임은 '스타크래프트'와 '워크래프트3'라는 게임이었다. 두 게임의 장르는 전략시뮬레이션으로 동일하다. 하지만 게임의 성격과 플레이 방식은 완전히 달랐다. 쉽게 생각해서 전혀 다른 게임이라고 생각하면 된다. 그는 온게임넷 스타리그 4강에 진출함과 동시에 워크래프트3 리그에도 4강에 진출했다. 하나의 게임으로도 4강에 들지 못하는 프로게이머가 수두룩하다. 그런 환경에서 그는 동시에 두 가지 게임을 다 4강에 진출한 것이다. 다른 프로게이머들과 게임 관계자들은 그런 그의 모습에 감탄을 금치 못했다. 나는 베르트랑 선수를 보면서 '게임을 잘하는 데에도 재능이 큰 비중을 차지할까?' 라는 의문을 품었다. 그리고 내가 프로게이머를 그만둘 즈음에 최고의 자리를 지키고 있던 어린 선수들을 보면서도 비슷한 생각을 했다.

혹자는 나를 보며 이렇게 얘기했다. '너는 대학교에 진학했으니 프로게이머를 그만 둬도 다시 공부를 하면 될 것이다. 이러한 생각을 가지고 있으니 게임에 최선을 다 하지 않는 것이 아니냐.' 고 말이다. 나에게는 대학교라는 보험이 있고, 그 보험 덕분에 게임은 대충 하는 것이 아니냐는 의미였다. 하지만 나는 절대 그렇게 생각하지 않았다. 프로게이머로 활동하는 이상 최고의 자리에 올라서고 싶었다. 애시 당초 그런 마음을 가지고 있었다면 프로게이머가 되지도 못했을 것이다.

사람마다 게임을 하는 데 있어서 재능 차이가 있고 실력에는 한계가 존재한다. 누군가는 이렇게 주장할 것이다. 노력으로 모든 것을 다 이겨낼 수 있다고. 사실 노력하는 능력도 타고난 재능이라고 생각하지만 노력만으로 모든 프로게이머가 1등이 될 수는 없다. 프로게이머 중에 노력하지 않는 선수는 단 한 명도 없다.

모든 분야에서 실력 향상은 투입한 시간에 비례하지 않는다. x축을 시간, y축을 실력이라고 하는 그래프를 그려보면 초기에는 시간이 지날수록 시간에 비례해서 실력이 증가한다. 하지만 일정 시점부터는 시간이 지나도 실력이 오르지 않는 평평한 그래프가 그려진다. 그러다가 어느 순간부터 시간에 비례해서 실력이 상승한다. 보통 이러한 계단 곡선으로 실력이 향상된다. 사람마다 그래프의 기울기가 다르고, 실력이 오르지 않는 평평한 구간의 길이도 다르다. 재능이 뛰어난 프로게이머는 그래프의 기울기가 가파름과 동시에 평평한 구간은 적을 것이다. 재능이 부족한 프로게이머는 안타깝게도 정확히 반대의 그래프가 될 것이다.

나는 프로게이머를 지망하는 사람들에게 게임에도 재능이 있다는 것을 인지하고 그에 맞는 노력을 기울이라고 전하고 싶다. 자기에게 부족한 재능이 무엇인지 재빨리 깨닫고 이를 보완하기 위한 연습에 보다 많은 시간을 투자하면 좋겠다. 설령 아무리 노력해도 더 이상 실력이 늘지 않는다는 생각이 들어도 좌절하지 않았으면 좋겠다. 사람은 누구나 다양한 분야에 재능을 가지고 있다. 프로게이머로 성공하기 위한 재능이 없으면 다른 일에서 재능을 발견하면 된다. 프로게이머가 아니더라도 할 수 있는 일은 이 세상에 수많이 널려있지 않은가?

⑪
프로게이머의 은퇴 후 진로

　마우스와 키보드 소리가 요란하다. 오늘도 또 12시가 넘었다. 누군가가 나의 방문을 여는 소리가 살짝 들린다. 고개를 돌려보니 부모님이다. 주무시는 줄 알았는데 아니었나보다. 부모님께서 혀를 끌끌 차시더니 한 마디 던지신다. '오늘도 이 시간까지 게임을 붙잡고 있니? 도대체 커서 뭐가 되려고 그러냐? 얼른 자라.'

　게임을 좋아하는 사람이라면 누구라도 한 번 쯤은 경험하는 일이다. 나 역시 중, 고등학생 시절 학교를 마치고 집에 오면 늦게까지 게임을 할 때가 많았다. 우리 부모님께서도 내가 늦은 시간까지 게임을 하고 있으면 '커서 뭐가 될래?' 라는 잔소리를 하시곤 했다. 내가 만약 타임머신을 타고 그 당시로 돌아간다면 당당하게 이렇게 대답하겠다. '프로게이머가 될 거예요.' 그러면 부모님이 이렇게 되물으실 것 같다. '알겠다. 프로게이머가 된다고 치자. 몇 살까지 하려고? 프로게이머를 그만두고는 뭐 먹고 살려고?'

프로게이머가 은퇴하고 난 이후에 진로는 어떻게 될까? 프로게이머의 경력을 살린다고 가정하면 크게 세 가지 정도의 진로가 있다. 첫째는 게임단의 감독 혹은 코치가 되어 지도자로서 제 2의 인생을 사는 것이고, 둘째는 게임 캐스터 혹은 게임 해설가가 되는 것. 세 번째는 e스포츠협회에서 게임 경기의 심판이나 행정 일을 하는 것이다. 프로게이머 경력을 살리지 않는다면 게임과 전혀 관련이 없는 일을 할 것이다.

프로게임단의 감독 혹은 코치가 되는 것은 가장 일반적인 길이다. 보통 프로게이머를 그만 두는 나이는 빠르면 20대 초반, 늦으면 20대 중후반이다. 우선 국방의 의무를 지기 위해서 군대에 다녀와야 한다. 약 2년 정도 군대 생활을 무사히 마치고 제대했다고 치자. 프로게이머로 다시 복귀하고 싶은 마음을 잠깐 해보지만 어린 선수들의 빠른 손놀림과 두뇌 회전을 따라가는 것은 어렵다는 생각이 들 것이다. 하지만 게임을 보는 시야만큼은 어린 선수들보다 넓고 선수시절 게임 관계자들과 두터운 친분을 다졌다면 지도자로 변신하기에는 안성맞춤이다.

프로게임단 감독의 경우에는 실제 프로게이머 선수들과 함께 생활하기보다는 게임단의 행정 처리를 하게 된다. 관계자들에게 보다 나은 환경을 요청하는 일, 그리고 선수들을 큰 관점에서 관리하는 일을 한다. 감독은 프로게임팀의 수장이며 신인 선수의 영입과 더불어 방송 경기에 출전할 선수를 정하는 선수 출전권을 가진다. 조금 경직된 표현으로 말하면 인사권을 가지고 있다고 볼 수 있다. 감독이 팀에 미치는 영향은 아주 크다. 감독의 성향에 따라서 팀 분위기가 크게 달라진다. 단체 생활의 원칙을 중시하는 감독이라면 선수들의 연습 일정을 꼼꼼히 정리하는 것과 더불어 선수들 간의 단합을 중요시 할 것이다. 선수 개인에게 자율권을 부여하는 감독이라면 단체 생활의 수칙을 지키는 것보다는 자유롭게 연습하고 생활할 수 있도록 배려할 것이다. 내가 프로게이머로 있을 때 우리 팀 감독님은 마치 큰 형 같았다. 선수들은 감독님에게 감독이라는 호칭 대신 형이라고 불렀다. 우리 팀 감독님은 선수 개인의 감성과 정서를 많이 고려하는 좋은 감독이었다.

코치는 감독과는 조금 다르다. 보통 한 게임단에 한 명 또는 두 명의 코치가 있다. 코치가 하는 일은 다양하다. 방송 경기가 있는 날에 선수들을 숙소에서 경기장까지 태워준다. 선수들이 게임 연습을 할 때는 뒤에서 선수의 게임을 유심히 관찰한다. 그리고 선수가 더 나은 플레이를 할 수 있도록 조언을 해주는 등 선수의 실력이 늘 수 있게 도와준다. 또한 합숙소에서 연습 분위기를 조성한다. 선수들끼리만 있으면 집중적인 연습 환경을 조성하기가 어렵기 때문이다. 코치는 선수들의 일거수일투족을 알고 있고 선수들과 함께 먹고 자며 생활을 같이 한다. 보통 코치 본인이 프로게이머였을 때 선수생활을 했던 프로게임단에서 코치를 시작한다. 그러면서 경험을 쌓고 감독이 되는 경우가 많다.

두 번째 진로는 게임 해설가이다. 프로게이머 중에 말을 조리 있게 잘하고 다른 사람에게 자신의 의견을 알기 쉽게 표현하는 선수는 은퇴 후 게임 방송을 진행하는 해설가로 활약할 수 있다. 게임 해설가는 게임을 시청자에게 이해하기 쉽게 전달해야하기 때문에 중계하는 게임에 대해서 공부를 많이 해야 한다. 그리고 누구보다 게임 전체를 파악하는 능력이 탁월해야한다. 게임 해설가는 게임에 따라서 매주 방송 경기를 해설하게 되며, 방송에 본인을 계속 노출할 수 있기 때문에 본인을 알리는 측면에서 매력적이다. 하지만 게임 해설가의 수는 열 명이 될까 말까할 정도로 극소수여서 게임 해설가로 활동하는 것은 어떤 의미에서는 프로게이머가 되는 것보다 더 힘들지도 모르겠다.

마지막으로는 e스포츠협회 직원이 되어 행정 업무를 처리하거나 게임 회사에 입사하여 게임을 테스트하는 등의 직무를 하게 되는 경우가 있다. 프로게이머의 권익과 원활한 대회 진행을 위하여 10년 전 쯤에 e스포츠협회가 출범하였다. 협회 직원들은 프로게이머들이 부정행위를 저지르지는 않는지 경기에서 심판으로 활약하기도 하고, 게임 전적을 기록하는 등의 행정 처리를 한다. 또한 정기적인 프로게이머 소양교육을 진행하면서 선수들에게 기본적으로 필요한 자세와 교양을 전달하기도 한다.

게임 회사에 취직하는 경우는 드물다. 예전에는 은퇴한 프로게이머를 위해서 게임과 관련된 업종으로 재취업을 할 수 있도록 배려해주는 게임단이 있었다. 하지만 게임을 하는 것과 만드는 것은 전혀 다른 일이고, 새로운 게임의 베타테스터를 하는 것은 프로게이머가 아니더라도 할 수 있다. 게임 테스터는 일반인을 대상으로 하기 때문에 오히려 게임을 잘 못하는 사람이 하는 것이 더 나을 수도 있다. 이러한 이유로 게임 회사에 취직하는 경우는 거의 없다.

대부분의 프로게이머는 프로게이머를 그만두고 게임과 관련이 없는 새로운 일을 한다. 일반 회사에 취직하여 새로운 삶은 사는 선수들도 있고, PC방, 카페 등을 차려서 자영업의 길로 뛰어드는 선수들도 있다. 최근에는 배우, 연예인으로 맹활약하는 선수들도 있다. 프로게이머가 되느냐 마느냐 하는 것은 개인의 재능과 노력에 의해 크게 좌우된다. 마찬가지로 게임을 그만둔 이후에도 본인의 노력 여하에 따라서 다양한 진로를 경험할 수 있다.

⓬
프로게이머의 전망

프로게이머라는 용어가 처음에 생겨났을 때만 해도 '아니 게임만 해서 먹고 살 수 있을 정도로 돈을 벌 수 있을 있을까?' 라고 반신반의 했던 사람들이 많았을 것이다. 그들의 우려는 기우였다. 프로게이머는 학생들이 가장 선망하는 직업 중의 하나가 되었고 어엿한 직업으로 사회에 자리 잡았다. 프로게이머가 등장하기 시작하고 어느덧 15년이 넘게 흘렀다. 과연 직업으로서 프로게이머는 얼마나 오랫동안 지속될 수 있을까? 예측하기 쉽지 않겠지만 개인적인 생각을 얘기해보려고 한다.

결과부터 얘기하면, 프로게이머는 꽤 오랜 시간동안 직업으로서 그 자리를 유지할 것이라고 본다. 이유를 몇 가지 들어보겠다.

첫 번째, 게임 산업의 발전이다. 버스나 지하철을 타고 주변을 둘러보자. 주변 사람들 중에 스마트폰으로 게임을 하고 있는 사람은 몇 명인가? 유심히 관찰해보면 아주 많은 사람들이 게임을 하고 있다는 사실을 알 수 있을 것이다. 최근에는 하루 사이에 몇 개의 게임이 출시되는지 알기 어려울 정도로 수많은 게임이 출시되고 있다. 게임의 수가 너무 많아서 어떤 게임을 해야 할지 고민할 정도다. 물론 프로게이머가 존재하는 게임은 대부분 PC를 기반으로 게임이지만 스마트폰 게임의 프로게이머가 생길 가능성도 높다고 본다. PC 게임, 스마트폰 게임, 콘솔 게임 등 게임기기를 불문하고 많은 게임들 중에서 스타크래프트나 리그오브레전드와 같은 대중적으로 큰 인기를 얻게 되는 게임이 생긴다면 자연스럽게 프로게이머도 생길 것이다. 지금도 게임 전문 방송 채널인 OGN에서는 리그오브레전드 뿐만 아니라 많은 게임들을 중계하고 있다. 나 역시 한 명의 게임 팬으로서 선풍적인 반향을 불러일으킬 게임이 나타나서 프로게이머 시장에도 큰 발전으로 이어졌으면 하는 바람이다.

두 번째, 놀이 문화의 변화이다. 약 20년 전, 내가 초등학생일 때는 집에서 게임을 하는 것보다 바깥에 나가서 뛰어놀기 바빴다. 놀이터에 나가서 친구들과 흙먼지를 뒤집어쓰고 놀다가 밥을 먹으러 들어오라는 어머니의 목소리를 들으면 집으로 들어가곤 했다. 초등학교 수업을 마치고 집에 오면 약속이라도 한 듯 동네에 사는 아이들이 우르르 놀이터에 모여들어서 놀이터가 항상 북적북적했다. 공하나 들고 동네 아이들끼리 편을 나눠서 규칙도 없이 뛰어다니며 놀았다.

지금은 어떤가? 지금의 초등학생들은 어떤 놀이문화를 가지고 있을까? 얼마 전, 주말 아침에 PC방에 간 적이 있다. 친구를 만나기로 한 시간에 친구가 사정이 생겨 조금 늦게 오게 됐는데, 친구를 기다리는 시간에 마땅히 할 게 없어서 빈 시간을 보내러 PC방에 들어갔다. PC방 특유의 향기를 맡으면서 추억을 되살려 오랜만에 게임을 즐기고 있었다. 게임을 하고 있는데 초등학생 특유의 웅성거리는 소리가 들리면서 한 무리의 초등학생들이 PC방으로 몰려 들어왔다. 그들은 마치 PC방이 자기 집인 것처럼 자연스럽게 한 자리씩 차지하고 앉았다. 그들은 PC를 켜고 리그오브레전드를 실행하더니 생소한 게임 용어를 주고받으며 열심히 게임을 했다. 나는 그 모습을 마냥 지켜보면서 '나도 저 나이에 저렇게 게임을 좋아했었지' 하는 생각을 하며 미소를 지었다.

게임을 좋아했던 청년들이 결혼을 해서 부모님이 되고 그들의 자녀들이 게임을 하고 있다. 시간이 지나면 지날수록 게임에 대한 접근성은 더 좋아질 것이고 게임은 점점 일반적인 문화가 될 것이다. 조금 더 시간이 지나면 부모와 자녀가 같은 게임을 통해 소통을 하게 될 것이고 모든 국민이 게임을 즐기게 될 것이다. 게임 팬을 기반으로 하는 프로게이머 시장에 있어서 이러한 전망은 호재가 될 것으로 기대한다.

Pro Gamer

Part **02**

게임과 동행하는 방법

❶
게임에 빠져 있는 내 일상

　내가 처음으로 게임을 시작한 것은 유치원을 다닐 때인 것 같다. 당시에 '재믹스'라는 게임기가 있었는데 제목이 잘 생각나지 않지만 펭귄이 앞으로 뒤뚱뒤뚱 나아가는 게임이 있었다. 얼음이나 구덩이 같은 장애물을 피해서 골인 지점까지 죽지 않고 달려가는 게임이었다. 현재 출시되는 게임처럼 그래픽이 화려하거나 게임성이 훌륭하지는 않았지만 참 재밌게 했다. 자라면서 정도의 차이는 있지만 게임은 항상 나의 취미생활이었고 내 삶의 한 부분이었다.

　초등학생 때는 동네 오락실에 참 많이 다녔다. 동전이 없을 때는 옷장에서 아버지의 양복 안주머니를 뒤져 동전을 집어 들고 오락실로 달려갔다. '오락실에는 무서운 형들이 많다' 는 어머니의 경고를 무시하고 오락실을 제 집 드나들 듯 자주 들락날락 거렸다. 내가 오락실에 있다는 사실을 어머니께 들키지 않기 위해서 매일 다른 오락실을 찾아다녔다. 어머니는 직장에 다니고 있었는데, 퇴근해서 집에 돌아올 때마다 내가 있는 오락실에 귀신같이 나타나곤 하셨다. 나중에 알고 보니 나를 찾기 위해 동네에 있는 오락실이란 오락실을 다 찾아다니셨다고 했다. 나는 부모님 속을 많이 태우는 아들이었다.

내가 오락실을 하도 많이 다니니까, 놀랍게도 부모님께서는 게임기를 하나 사주었다. '슈퍼패미콤' 이라는 게임기였는데, 형과 함께 '파이널판타지', '슈퍼로봇대전' 같은 일본에서 가장 인기가 많은 롤플레잉 게임을 즐겨 했다. 어머니는 게임을 할 수 있는 시간을 정해놓고 너무 늦게까지 게임을 하지 못하도록 통제했다. 형과 나는 부모님이 주무시는 틈을 타서 게임을 했다. 게임을 좋아해서 이 게임, 저 게임 오랜 시간 동안 게임을 하기는 했지만 이때 까지만 해도 게임 마니아 정도의 수준이었던 것 같다.

내가 속된 말로 게임중독자가 된 것은 스타크래프트라는 게임이 출시되고 나서부터다. '스타크래프트'는 블리자드라는 해외 회사에서 출시한 실시간전략시뮬레이션 게임이다. 스타크래프트는 세 가지 종족(테란, 저그, 프로토스) 중에 한 종족을 선택하여 상대방의 건물을 먼저 다 부수는 것이 목적인 게임이다. 실시간전략시뮬레이션이란 말 그대로 실시간으로 마우스와 키보드를 동작하는 것이며, 게임이 시작되는 순간부터 끝날 때까지 플레이어가 독립적으로 게임을 하는 게임 장르다.

스타크래프트가 출시된 것은 내가 중학교 2학년인 1998년일 때였는데, 정품 CD를 살 돈이 없어서 어둠의 경로를 통해 복제 CD를 구입해서 컴퓨터에 설치하고 플레이했다. 스타크래프트 설치 화면을 처음 봤을 때 느낀 전율은 아직도 잊을 수 없다. 스타크래프트는 게임성이 탁월할 뿐만 아니라 그래픽도 우수했다. 게임으로서 여러 가지 장점을 가지고 있었지만 누가 뭐라고 해도 최고의 장점은 온라인을 통해 다른 사람과 함께 플레이를 할 수 있는 것이었다. 스타크래프트 이전의 게임은 보통 혼자서 하는 게임이었거나 근처에 사는 사람들에 한정해서 같이 게임을 즐길 수 있었다. 하지만 스타크래프트는 '베틀넷'이라는 온라인 서비스를 통해서 베틀넷에 접속하기만 하면 한 번도 본 적 없는 전혀 모르는 플레이어와도 얼마든지 게임을 할 수 있었다.

평소에 게임을 좋아하던 내가 이 게임에 빠지지 않을 리가 없었다. 이전까지 했던 게임들은 게임의 시작과 끝이 확실했다. 보통 주인공의 모험으로 시작되는 게임 스토리는 적과의 싸움을 통해 주인공을 성장시키고, 같은 목적을 가진 동료들을 만나서 최종 보스인 악의 무리를 무찌르면 끝이 났다. 일명 '끝판을 깼다'고 한다. 이렇게 끝판을 깨면 엔딩 자막이 나오고 하나의 게임을 다 끝낼 수 있었다. 하지만 스타크래프트는 끝이라는 개념이 없는 게임이었다. 게임을 미친 듯이 열심히 해도 나보다 잘하는 사람은 항상 있었다. 끊임없이 승부욕을 자극하기 때문에 하면 할수록 더 깊이 빠질 수밖에 없었다. 당시에 우리 집에는 무선 인터넷이 설치되어 있지 않아 온라인을 통해서 게임을 할 수가 없었다. 그래서 매일 친구 집에 놀러가서 늦은 시간까지 친구와 함께 게임을 연구했다. 나중에는 친구네 집에서 컴퓨터를 우리 집에 들고 와서 게임을 했다. 당시 우리 집이 학교에서 가까웠는데, 친구들이 아침에 등교하면서 우리 집에 들렀다. 부모님은 아침 일찍 출근하느라 우리보다 먼저 나가셨다. 부모님이 출근하시면 나와 친구들은 함께 게임을 했다. 이때가 중학교 3학년생이었을 때인데, 내 인생을 통틀어서 가장 지각을 많이 했던 시기였다. 지각을 한 이유는 게임을 하느라 등교시간을 놓쳤기 때문이었다.

고등학생이 되고 나서는 거의 PC방에 살다시피 했다. 집 근처에 PC방을 운영했던 사장님이 내게 무료로 게임을 할 수 있게 지원을 해주었다. 평소에 내가 게임하는 것을 지켜보는 것을 좋아했던 사장님이 공짜로 연습 환경을 제공해주었던 것이었다. 친구들과 함께 그 PC방에 가면 친구들은 게임을 하고 돈을 지불했지만 나는 돈을 내지 않았다. 그럴 때마다 어깨가 으쓱했던 기억이 난다.

지금 이 책을 읽고 있는 독자들은 어떤가. '딱 한판만 하고 자야지', '이것만 하고 공부해야지' 라고 생각하다가 한 게임이 두 게임이 되고 결국 하루 종일 게임을 하고만 경험이 있지 않은가? '이렇게 게임을 많이 하면 안 되는데' 라고 생각하면서도 실제로는 마우스를 쥐고 게임을 하고 있는 본인의 모습을 발견하고 놀란 적은 없는가. 아마 많은 사람들이 게임에 빠져서 무언가를 놓치고 마는 경험을 하나씩은 가지고 있을 것이다.

내가 이 장에서 게임에 빠진 내 과거 학창 시절을 고백한 것은 나 역시 게임을 정말로 좋아하고 프로게이머를 꿈꿀 정도로 게임에 탐닉했다는 사실을 알리기 위해서다. 게임에 빠져서 다른 것이 보이지 않을 때는 주변사람들이 아무리 뭐라고 해도 무슨 말을 했는지 들리지 않는다. 부모님이나 친구, 혹은 선생님이 충고를 해도 충고를 받는 순간에만 고개를 끄덕거릴 뿐, 실제로 삶에 변화를 주기는 아주 어렵다. 하지만 같은 길을 먼저 걸어왔던 사람이 그 경험을 바탕으로 진솔한 조언을 해준다면 그들에게 실질적인 도움이 될 지도 모른다는 생각이 들었다.

앞으로 내가 전하려고 하는 말들이 내가 걸었던 길과 비슷한 길을 걷고 있는 독자들에게 자그마한 울림을 주었으면 좋겠다. 내가 학창 시절을 게임광으로 보냈던 나날들, 프로게이머 선수로서 활약했던 경험들, 그리고 현재 일반 회사에서 일하는 평범한 회사원으로 삶을 보내면서 느꼈던 점들을 가능하면 자세하게 전하려 한다. 독자들이 미래를 설계하는 데 조그만 도움이라도 된다면 더할 나위가 없겠다. 만약 게임을 정말 좋아해서 게임 없이는 하루도 못 살겠다면 열심히 연습해서 프로게이머가 되어도 좋다. 앞에서 언급했지만 프로게이머는 정말 매력적인 직업이고, 학교에서는 느낄 수 없는 값진 경험들을 많이 할 수 있다.

 하지만 게임이 정말 좋아서 우리나라 최고의 실력을 뽐내는 프로게이머가 된다고 하더라도, 게임에 지배받는 삶은 살지 말라고 얘기하고 싶다. 게임에 휘둘리는 삶을 살지 말고 본인이 게임을 지배할 수 있는 뚜렷한 주관을 가졌으면 좋겠다. 게임을 하나의 맛있는 음식이라고 생각해보자. 아무리 맛있는 음식이라도 같은 음식을 매일 먹을 수는 없다. 인생을 살아가는데 있어서 이것도 먹어보고 저것도 먹어보면서 또 다른 맛있는 음식이 없는지 한번 찾아봤으면 좋겠다. 혹시 아는가? 이 때까지 먹었던 음식보다 더 맛있는 음식이 곧 눈앞에 나타날지. 본인의 가능성을 게임에만 한정하지는 말았으면 좋겠다.

❷
학업을 포기하지 마라

언제부터 공부의 반대말이 게임이 되어버렸는지는 모르겠지만 공부와 게임이라는 두 단어는 참 안 어울린다. 보통 게임을 좋아하는 사람은 공부를 소홀히 하는 경향이 있다. 게임에 빠지게 되면 자연스럽게 게임에 대한 생각만 하게 되고 게임 외에 다른 것은 부차적인 것으로 생각하기 쉽다. 학교에 가서도 게임 생각만 할 것이고, 쉬는 시간에는 같은 게임을 하는 친구들과 모여 게임 얘기를 하는 데 시간을 다 보낼 것이다. 학교를 마치고 집으로 가면 게임을 하기 위해 컴퓨터를 켜고 게임을 실행한다. 자연스럽게 공부와는 점점 거리가 멀어진다.

나는 이런 사람들에게 이렇게 말하고 싶다. 내가 이 책을 통틀어서 가장 전하고 싶은 핵심 메시지이기도 하다. 잠시 숨을 고른 다음 읽었으면 좋겠다.

'현재 하고 있는 공부를 절대 소홀히 해서는 안 된다.'

설령 자기가 프로게이머를 준비하는 프로게이머 지망생이라고 하더라도 공부를 등한시해서는 안 된다. 마치 부모님이 자녀들에게 하는 잔소리처럼 느낄 수도 있다. 하지만 오랜 기간 프로게이머를 하면서 동료 선수와 주변 사람들을 지켜본 나의 경험을 토대로 하는 말이니 꼭 마음에 담아뒀으면 좋겠다.

내가 20대 초반, 프로게이머로 활동할 때 수많은 프로게이머 지망생들이 프로게이머가 되고자 입단 테스트를 보았다. 그들은 대부분 중학생 아니면 고등학생이었는데, 실제로 입단테스트에 통과해서 짐을 싸들고 합숙소로 들어오는 경우도 있었다. 프로게이머 지망생 S도 그 중 한명이었다. S는 프로게이머가 되기 위해 다니던 고등학교를 자퇴하고 서울로 상경했을 정도로 프로게이머에 대한 목표가 누구보다도 뚜렷했다. 아침에는 제일 먼저 일어나서 연습을 시작했으며 잠을 줄여가며 연습할 정도로 열의가 넘쳤다. 나를 포함한 선배 프로게이머들은 이런 S가 대견했다. 선배 프로게이머들은 S가 빨리 실력을 키울 수 있도록 부족한 부분을 알려주고 격려를 아끼지 않았다.

S는 1년 동안 누구보다도 성실하게 연습했지만 안타깝게도 프로게이머로서 본인을 알리지 못했다. 1년 동안 각종 개인전 예선

에서 모두 고배를 마셨고 팀 단위 리그에서도 좋은 모습을 보여주지 못했다. 결국 S는 짐을 싸서 본인의 고향으로 내려갔다. S가 프로게이머의 꿈을 접고 숙소를 떠나기 전, 멋쩍은 미소를 지으며 내게 인사를 건넸을 때 참 씁쓸했다. 누구보다 S가 잘되길 바랐던 감독님과 다른 동료 프로게이머들도 안타깝기는 마찬가지였을 것이다.

프로게이머로 성공하기가 어렵다는 것을 얘기하려는 것이 아니다. S의 경우에는 학업을 포기하고 프로게이머가 되기 위해 1년의 시간을 보냈다. 따라서 다음 진로를 설정하는데 있어 누구보다 큰 어려움을 겪었을 것이다. S가 지금 무엇을 하고 있는지는 모르겠지만 프로게이머를 목표로 뚝심 있게 본인을 다그쳤던 의지를 살려 좋은 일을 하고 있었으면 하는 바람이다.

프로게이머가 되기 위해 학업을 소홀히 하거나 포기하게 되면 나중에 감내해야 하는 어려움이 아주 클 것이다. 공부를 잘하는 것이 성공하기 위한 전부라는 것은 아니다. 공부 외에도 성공할 수 있는 방법은 무궁무진하지만 학생 때는 학업에 집중하는 것이 좋다는 얘기다. 당장 게임에 빠져있는 상태에서는 10년 뒤, 20년 뒤의 미래가 잘 상상되지 않는다. 하지만 나는 지금까지 똑똑히 보고 경험했다. 프로게이머 지망생이 학업을 소홀히 했을 때 그들의 미래가 어떻게 되는지 말이다. 어떤 사람은 일자리를 구하지 못해 30대가 되어도 백수로 지내는 사람도 있고, 어떤 사람은 아르바이트를 전전하며 하루살이 인생을 보내고 있다. 부모님이 자녀에게 공부를 하라고 강조하는 것은 자녀가 공부를 소홀히 함으로서 미래에 감내해야할 어려움을 어느 정도 알고 있기 때문이다.

　나는 프로게이머를 목표로 하더라도 가능하면 고등학교는 마치고 대학교에 입학하고 난 다음에 프로게이머를 하라고 권하고 싶다. 일단 대학생이 되면 자기가 하고 싶은 것을 하기 위해서 1년, 2년 휴학하는 것은 문제가 되지 않는다. 게임을 너무나도 좋아한다면 우선 즐기는 수준에서 게임을 하되 대학교에 들어간 다음 휴학을 하고 미친 듯이 게임을 하면 된다.

　나는 중학생일 때부터 스타크래프트를 했고 각종 PC방 대회에 출전하며 실력을 키우고 경험을 쌓았다. 고등학교 2학년 때는 온게임넷 스타리그라는 당시 최고의 대회에 출전하여 프로게이머로 데뷔했다. 하지만 고등학교 3학년 때는 모든 것을 접고 학업에만 전념했다. 내가 학업에만 전념한 이유는 부모님과의 약속 때문이었다. 갓 고등학교 3학년 수험생이 된 나는 3월에 있을 온게임넷 스타리그 예선전을 준비하고 있었다. 작년에 프로게이머로 데뷔했을 때 실제 경기장에서 느꼈던 스릴을 잊을 수 없었다. 그리고 나의 다음 경기를 기대하고 있는 팬들에게 다시 한 번 좋은 모습을 보여주고 싶었다.

　고등학교 3학년이 되고도 게임에만 빠져있는 나를 보시고는 부모님은 통 큰 배팅을 했다. 3월에 있을 예선전을 통과하면 게임을 계속하고, 탈락하면 수능시험을 볼 때까지 공부에 전념하라는 제의였다. 나는 그 제의를 받아들이고 결과에 승복하겠다고 부모님과 약속을 했다. 나는 예선전을 통과하기 위해서 한동안 야간자율학습시간에 공부를 하지 않고 일찍 집에 와서 게임 연습에 매진했다. 그리고 예선전 당일, 나는 보기 좋게 1차전에서 탈락했다. 예선전에 탈락하고 부산으로 내려가는 새마을호 기차에서 창밖을 바라보며 아쉬움에 큰 한숨을 쉬었다.

약속은 약속이었기에 예선전이 끝난 날 이후부터 수능시험을 볼 때 까지는 공부를 했다. 물론 제대로 공부를 시작하기에는 부족한 부분이 많아 적응하는데 시간이 꽤 걸렸다. 모르는 것이 있으면 친구들에게 도움을 요청했다. 친구들의 도움 덕분에 공부에도 조금씩 재미를 붙였고 공부한 시간에 비해서 수능시험 결과도 아주 좋았다. 수능시험이 끝나고 나서는 부모님께 프로게이머에 다시 도전하겠다고 선언하고 서울에 있는 게임단 합숙소로 올라갔다.

만약에 내가 고등학교 3학년 때 참여했던 예선전을 통과해서 게임을 계속 했다면 어떻게 됐을까? 아마 대학교에는 진학하지 않았을 것이다. 프로게이머로서 성공했을지는 알 수 없다. 하지만 나는 대학생활부터 지금까지의 인생에 정말로 만족한다. 과거로 돌아가서 프로게이머로서 성공한 삶과 지금의 삶을 선택해라고 한다면 주저 없이 지금의 삶을 선택할 것이다. 생각하면 할수록 감사하고 다행이라는 생각이 든다. 부모님께서 나에게 게임을 잠시 쉬고 수능시험 공부를 하도록 제의하지 않으셨다면 어떻게 됐을까. 그 때 내가 공부를 하지 않았다면 지금과 같은 삶을 살 수는 없었을 것이다.

게임에만 빠져있었던 나는 공부를 하고 대학교에 진학함으로써 세상은 게임이 전부가 아니라는 것을 알게 됐다. 세상은 무한한 가능성이 열려있는 곳이라는 것도 알게 됐다. 이후에 좀 더 자세하게 서술하겠지만 대학 생활은 나의 좁은 시야를 바다처럼 넓게 만들어주었고 앞으로 살아가는데 있어서 가장 중요한 것들을 알려주었다.

다시 한 번 강조하지만 학업은 절대로 소홀히 해서는 안 된다. 게임이 하고 싶다면 학교를 마치고 집에서 와서 하면 된다. 아니면 친구들과 함께 PC방에 가서 스트레스를 풀 정도로 게임을 하면 된다. 프로게이머가 되고 싶다면 고등학교까지 마친 다음에 본격적으로 시작해도 늦지 않다. 게임을 정말 잘해서 당장이라도 프로게이머로 데뷔하라는 제의가 있어도 조금만 참아라. 프로게이머로서 최고가 될 수 있는 확신이 있다면 모르겠지만 100% 확신이 없다면 좀 더 여유롭게 생각해라. 그 정도로 게임을 잘한다면 고등학교를 마칠 때까지 간간이 게임을 하다가 고등학교를 졸업하고 본격적으로 시작해도 충분하다.

모든 것은 다 때가 있다는 말이 있다. 학생의 본업은 공부다. 공부를 하는 이유는 자신을 발전시키기 위함이며, 보다 넓은 시야로 세상을 바라보기 위함이다. 나중에 진정 자기가 하고 싶은 것을 찾았을 때, 그 것을 할 수 있기 위해서 미리 준비되어야 하는 것들이 있다. 우리나라에서는 대학교에 진학하지 않으면 선택할 수 있는 진로의 폭이 크게 줄어준다. 당장의 즐거움을 위해 미래를 포기하는 것은 안타까운 일이다.

물론 자기가 세계 최고의 프로게이머가 될 재능이 있다는 것에 의심이 들지 않는다면 학업을 그만두고 게임에 전부를 던지는 것도 좋다. 어느 분야든 세계 최고가 되면 부와 명예가 자연스럽게 따라 온다. 게임도 마찬가지다. 스타크래프트의 임요환, 리그오브레전드의 이상혁 등 내로라하는 프로게이머들은 모두 부와 명예를 거머쥐었다. 그러나 내가 최고의 프로게이머가 될 수 있을 정도로 게임에 재능이 있는지 당장 알기란 쉽지 않다. 게임에 재능이 있어서 프로게이머가 되었다고 해도 모두 성공할 수 있는 것은 아니다. 오히려 그 때부터 다른 프로게이머를 상대로 경쟁해야 하며 1승을 거두는 것조차 쉽지 않다. 프로게이머들은 그 어떤 누구라도 땀을 흘려가며 열심히 연습하기 때문이다.

학업을 포기하고 게임에 모든 것을 쏟아 부었는데 게임에는 소질이 없다는 것을 뒤늦게 깨달을 수도 있다. 이렇게 되면 앞으로 어떻게 할 것인가? 이런 비극은 막아야 한다. 물론 공부를 한다고 해서 반드시 성공할 수 있다는 보장도 없는 것은 사실이다. 하지만 남들처럼 평범하게 하고 싶은 것을 하면서 살 수 있는 확률은 게임보다 공부가 훨씬 높다. 다시 한 번 말하지만 미래에 자기가 진짜로 하고 싶은 일을 찾았을 때, 공부는 그 일을 할 수 있는 기초 토대가 되어준다. 이는 내가 직접 경험했기에 자신 있게 얘기할 수 있다. 프로게이머의 꿈을 포기했을 때 또 다른 좋아하는 일을 할 수 있도록 미리 준비를 해야 한다.

❸
게임과 공부 두 마리 토끼를 잡자

그렇다면 게임과 공부를 병행할 수 있는 방법은 없을까? 프로 게이머 지망생 혹은 게임을 좋아하는 사람이라면 한 번 쯤은 이런 고민을 해봤을 것이다. 게임을 하고 싶은 만큼 충분히 하면서 공부까지 잘 할 수 있으면 금상첨화가 아닐까. 학교에서는 친구들에게 게임을 잘하는 친구로 인정을 받고 집에서는 부모님에게 간섭을 받지 않고 게임을 할 수 있으면 참 좋을 것이다.

어느 순간 게임과 공부는 반대말이 되었다. 게임과 공부는 둘 다 일반 명사다. 좋다, 싫다, 기쁘다, 슬프다, 재밌다, 재미없다

등과 같이 반대어를 가지고 있지 않다. '안 게임', '공부 없다' 같은 말은 없다. 하지만 자기도 모르게 게임은 공부와 앙숙이 됐다. 부모님이 하는 잔소리 중에 '너는 왜 매일 게임만 하니' 라는 말에는 '너는 왜 공부는 하지 않니' 라는 뜻이 숨겨져 있다. 또는 '공부 좀 해라' 라는 말은 '게임 좀 그만해라' 와 같은 의미일 때가 있다.

부모님 세대에는 컴퓨터가 대중적이지 않았다. 불과 20년 전만 해도 컴퓨터를 장만하려면 비교적 목돈을 들여야 했다. 내가 초등학생일 때 '심포니홈' 이라는 컴퓨터 브랜드가 출시 됐다. 본체, 모니터, 스피커가 하나로 합쳐진 컴퓨터인데, 당시에는 혁명적인 컴퓨터였고 그만큼 가격도 비쌌다. 부모님께서 어떤 이유로 컴퓨터를 사려고 하셨는지 모르겠지만 가격이 200만 원 정도 했던 것 같다. 부모님은 컴퓨터 사용법을 익히기 어려워하셔서 컴퓨터를 하시는 도중에 자주 나를 찾으셨다. 하지만 지금은 컴퓨터가 대중적으로 보급되었고, 컴퓨터를 구입하는 비용도 굉장히 저렴해졌다. 가정에 컴퓨터가 없는 집은 아마 거의 없을 것이다. 컴퓨터를 포함해 노트북, 스마트폰, 아이패드 등 컴퓨터를 대체하는 기기도 여러 개가 있는 가정이 있을 것이다.

덕분에 요즘 학생들은 이전 세대보다 컴퓨터에 친숙하다. 어떻게 보면 컴퓨터와 같이 자랐다고 해도 과언이 아니다. 그들에게 컴퓨터는 숙제를 도와주는 선생님이자 나와 같이 놀아주는 삼촌이다. 그들은 컴퓨터를 활용하면서 자연스럽게 게임을 접하게 된다. 컴퓨터 게임을 통해 친구들과 소통하고 모르는 사람과도 마음을 터놓고 대화한다. 부모님 세대가 어렸을 때는 친구들과 함께 바깥에서 뛰고 노는 게 놀이 문화였다면 지금 세대는 바깥에서 뛰어놀기보다 게임을 통해서 즐기고 소통하는 놀이 문화를 만들었다.

나는 게임과 공부가 반대말이 아니라고 생각한다. 오히려 동의어에 가깝다고 생각한다. 게임과 공부는 공통점이 많다. 예를 들어 잘하기 위해서는 기본적으로 투입해야 하는 시간이 필요하다는 점, 집중하고 몰입해야 성과가 오른다는 점, 실력이 올라가면 올라갈수록 더 하고 싶은 점 등. 우리는 게임을 공부하듯이 할 수 있고 공부를 게임하듯이 할 수 있다.

중요한 것은 자기 자신을 제어할 수 있어야 한다는 것이다. 학교에 있을 때는 공부 생각만 하고 게임을 할 때는 게임 생각만 할 수 있어야 한다. 몹시 어려운 일이라는 것은 필자인 내가 누구보다 가장 잘 알고 있다. 사람인 이상 게임에 빠지게 되면 어디서든 게임 얘기만 하게 되고 게임 생각만 하게 되는 법이다. 밥을 먹을 때도 게임 생각을 하게 되고, 길을 걸으면서도 게임 생각을 하게 된다. 하지만 게임과 공부를 둘 다 잘하고 싶으면 그러면 안 된다. 이를 테면 다음과 같이 하루를 보내보자.

아침에 일어나서 세수를 한 다음 아침을 먹는다. 학교에 갈 준비를 마치고 등교를 한다. 수업시간에는 선생님의 강의에 온 몸을 써서 집중한다. 선생님이 하는 말을 하나도 놓치지 않고 필기한다. 쉬는 시간에는 친구들과 수다를 떨거나 쪽잠을 자면서 다음 수업을 준비한다. 점심시간에는 든든히 밥을 챙겨 먹고 친구들과 운동을 하거나 편하게 쉰다. 남은 수업도 최선을 다해서 듣는다.

수업이 끝나고 집으로 돌아온다. 가방을 정리하고 편안한 옷으로 갈아입는다. 컴퓨터를 켜고 게임을 실행한다. 대전 상대를 찾아서 게임을 시작한다. 게임을 하는 순간에는 게임 생각만 한다. 눈빛만으로 모니터를 뚫을 기세로 게임에 몰두한다. 게임이 끝나면 자기가 잘한 부분과 부족한 부분을 돌아보고 개선 방향을 찾는다. 자기가 보완할 부분을 의식적으로 생각하면서 다시 게임을 시작한다.

부모님에게도 당당하게 이야기해라. '학교에서는 최대한 열심히 공부를 하겠다. 하지만 집에서는 게임을 하고 싶다. 프로게이머로서 재능이 있는지 없는지 자신을 시험해 보고 싶다.' 라고 선언해라. 자기 자신을 제어할 수 있고 의지가 굳건하다면 게임과 공부는 얼마든지 같이 할 수 있다.

나는 사실 이렇게 하지 못했다. 학교에서는 종종 게임 생각을 했다. 온게임넷 스타리그 경기가 있는 날에는 야간자율학습시간을 땡땡이 치고 친구 집에서 게임 방송을 보기도 했다. 집에서도 마음 놓고 게임을 하지 못했다. 부모님 눈치를 살피면서 부모님이 화를 내기 직전까지 게임을 했다. 방 틈새로 형광등 빛이 새나가지 않도록 불을 끄고 몰래 게임을 하기도 했다. 게임과 공부 어느 부분에도 온전히 집중하지 못했다.

내가 하지도 못한 것을 독자에게 해보라고 권유하는 것은 앞뒤가 맞지 않는 말이다. 사실 글을 쓰면서도 얼굴이 빨개질 정도로 아주 민망하다. 하지만 이 책을 읽고 있는 독자가 나를 넘어서고 자신을 넘어섰으면 하는 마음에 부끄러움을 무릅쓰고 속마음을 적었다. 내가 어설프게 게임과 공부를 했던 것보다 훨씬 밀도 있게 게임과 공부를 했으면 좋겠다. 온몸을 다해 몰입했으면 좋겠다. 게임을 공부처럼, 공부를 게임처럼 해서 게임과 공부 두 마리 토끼를 모두 잡았으면 좋겠다.

④
수업시간에는 절대 졸지 마라

한 가지 꼭 당부하고 싶은 말이 있다. 자기가 게임을 좋아해서 프로게이머가 되려고 마음을 먹었든, 아니면 게임이 재미있어서 늦은 시간까지 게임을 하지 않고는 버틸 수가 없든, 이것 하나만큼은 꼭 지켰으면 좋겠다.

'수업시간에는 절대 졸지 않는다.'

내가 이 책에서 가장 강조하고 싶은 말 중 하나다. 정말 중요하기 때문에 다시 한 번 당부한다. '수업시간에 절대 졸지 마라.'

게임을 좋아하는 사람에게 수업시간에 졸지 마라는 말은 청천벽

력과도 같은 말이다. 왜냐하면 게임에 가장 집중이 잘되는 시간은 오후 11시 이후이기 때문이다. 게임을 잘하는 고수들은 이 시간에 연습을 하는 경우가 많다. 밤이 깊어질수록 주변이 고요해지고 마음이 가라앉기 때문에 무언가에 집중이 잘된다. 살짝 졸리다가도 어느 시점을 지나면 잠이 오지 않는다. 게임에 몰입할수록 잠에 드는 시간이 늦어지고 자연스럽게 다음날 퉁퉁 부운 눈으로 아침을 맞이한다. '시간이 벌써 이렇게 됐네, 딱 한 게임만 더 하고 자야지'라고 생각하면서도 계속 게임을 하는 자신의 모습. 게임을 좋아하는 사람이면 누구나 경험하지 않는가?

이런 경우에는 다음과 같은 악순환에 빠질 우려가 있다. 늦은 시간까지 게임을 했기 때문에 잠이 부족하다. 자연스럽게 아침에 일어나기 힘들며 학교에 지각하지 않을 정도로 아슬아슬한 시간에 집을 나선다. 지각을 간신히 면할 정도의 시간에 학교에 도착한다. 수업 시간에는 공부하고 싶은 생각이 전혀 들지 않는다. 선생님이 하는 말은 수면제가 따로 없다. 수업 시간에는 꾸벅꾸벅 졸고 쉬는 시간과 점심시간에는 책상에 엎드려서 잔다. 어느덧 학교 수업을 마치고 하교할 시간이다. 학교에서 충분히 잤기 때문에 하교 길에는 정신이 이렇게 또렷할 수가 없다. PC방에 가거나 집에 도착해서 게임을 실행한다. 늦은 시간까지 게임에 몰두한다. 새벽에 잠을 잔다. 아침에 일어나기 힘들다. 어떤가? 남의 일이라고 생각하는가?

나 역시 둘째가라면 서러워할 정도로 게임을 좋아했다. 내가 초등학생일 때는 오락실이 유행이었는데, 나는 매일 오락실을 전전하며 살았다. 우리 부모님은 오락실에 가는 내가 염려스러워 게임기를 사주었다. 혹시나 오락실에서 위험한 일을 당하지 않을까 하는 걱정이 되니까 차라리 집에서 게임을 하라는 뜻이었다. 나는 부모님이 주무실 때도 게임을 했다. 아버지가 주무실 때 코를 골았기 때문에 게임에서 나오는 소리도 잘 들리지 않았다. 그래도 뭐가 그리 좋은지 키득거리며 게임을 했다.

하지만 나는 학교 수업시간에는 가능하면 졸지 않았다. 전날 늦은 시간까지 게임을 해서 잠이 부족해도 수업시간에는 졸지 않았다. 수업과 수업 사이에 있는 10분 동안의 쉬는 시간에 책상에 엎드려서 짧은 잠을 잤다. 쉬는 시간이 끝나는 종이 울리면 일어나서 선생님의 말씀을 들었다. 이는 내가 중, 고등학교 때도 마찬가지였다. 고등학교 2학년 때 스타크래프트 프로게이머로 대회에 참여하기 위해서 부산과 서울을 오가며 연습을 했을 때에도 그랬다. 서울에서 진행되는 게임 대회에 출전하기 위해 학교를 빠진 적은 있어도 학교에서 수업을 들을 때는 졸지 않았다.

내가 수업시간에 졸지 않은 이유는 두 가지다.

첫 번째는 선생님이 좋았기 때문이다. 초등학교 6학년 때, 나는 우리 반 체육부장을 했다. 체육부장이 하는 일은 체육시간에 필요한 도구를 챙기고 운동장에 흩어져있는 친구들을 모아서 줄을 세우고 수업이 원활히 진행되도록 돕는 정도였다. 선생님은 체육과 관련이 없는 일도 나에게 자주 시켰는데, 그 중 하나가 컴퓨터 자판을 치는 일이었다. 당시 초등학교에 컴퓨터가 보급되기 시작했고 선생님은 컴퓨터로 문서 작업을 할 일이 많아졌다. 아직 컴퓨터에 익숙하지 않은 선생님은 나에게 여러 가지 글들을 자판으로 쳐달라고 했다. 그러던 어느 날, 선생님은 이번 주말에 자기 집으로 와서 일을 도와달라고 했다. 본인의 집으로 직접 와달라는 선생님 말씀에 적잖이 놀랐다. 선생님의 집 안에 들어간 것은 그 때가 처음이자 마지막인데, 아직도 기억이 생생하게 날 정도로 나에게는 놀랍고 새로운 일이었다.

나는 선생님의 집에서 선생님이 손으로 쓴 생활기록부를 컴퓨터로 입력했다. 제자들의 생활기록부를 컴퓨터로 옮겨 적어야 하는데 학교에서 학생에게 이런 일을 시킬 수는 없는 노릇이니까 나를 집으로 불러서 옮겨 적도록 시킨 것이었다. 선생님은 나에게 비밀로 해달라며 자장면과 탕수육을 사주었고, 집에 가는 길에는 용돈으로 3천원을 주었다.

수업 시간에 잠을 자지 못한 것은 그 때부터다. 선생님과 사이가 가까워진 바람에 선생님이 싫어할만한 행동을 할 수가 없었다. 선생님이 너무나도 재미없게 수업을 진행해도 도저히 잠을 잘 수가 없었다. 어떻게 수업 시간에 잠을 자는 불성실한 모습을 선생님에게 보여줄 수 있겠는가? 초등학생 때 수업에 졸지 않는 습관을 들인 덕분에 중, 고등학생 때에도 수업시간에는 졸지 않았다.

두 번째는 선생님이 무서웠기 때문이다. 내가 학교를 다닐 때는 선생님이 학생을 체벌할 수 있었다. 선생님은 여러 가지 이유로 학생을 체벌했다. 친구와 싸우거나, 담배를 피거나, 또는 수업시간에 시끄럽게 했다거나 하는 이유로 선생님은 매를 들고 손바닥, 엉덩이를 때렸다. 수업시간에 졸아도 봐주는 선생님도 있었지만 조는 학생에게 다가가서 구레나룻을 잡아당기고 꿀밤을 때리는 선생님도 있었다. 선생님이 학생을 체벌하는 게 옳다거나 그르다는 얘기를 하려는 것이 아니다. 내가 학교를 다닐 때만 해도 선생님은 체벌을 통해서 학생이 수업시간에 졸지 않도록 적당한 긴장감을 유지했다.

수업시간에 졸면 안 되는 이유는 공부와 연결된 끈을 놓지 않기 위해서다. 나는 앞서서 수험생이 되면 공부에만 전념하라고 얘기했다. 하지만 공부와 담을 쌓고 살고 있는데, 갑자기 공부를 하려고 하면 할 수 있을까? 예를 들어 고등학교 2학년 때까지 프로게이머를 준비하느라 공부를 하나도 하지 않고, 고등학교 3학년부터 수능시험을 준비하는 학생이 있다고 하자. 과연 이 학생이 자기가 원하는 대로 수험 공부를 할 수 있을까? 아마 책을 펼치는 즉시 무슨 말인지 이해하지 못해 곧 지쳐 쓰러질 것이다. 왜일까? 공부할 준비가 전혀 되어있지 않기 때문이다.

모든 운동선수는 경기가 시작하기 전에 준비 운동을 한다. 예를 들어 축구 선수는 경기 시작 전에 발목을 풀거나 가벼운 스트레칭을 하면서 땀을 조금 흘린다. 실제 경기가 시작하기도 전에 왜 힘들게 땀을 흘릴까? 체력을 아꼈다가 실제 경기에서 더 열심히 뛰는 게 나을 것 같다. 그러나 축구 선수가 경기 전에 몸을 푸는 것은 실제 경기에서 더 잘 뛰기 위해서다. 다리 근육 곳곳에 실전에 대비하라는 신호를 주는 것이다. 준비 운동을 하면서 '나는 이제 곧 격렬하게 뛸 것이니 미리 준비하라'고 근육에게 알려준다. 그렇게 해야 상대방과 거친 몸싸움에도 다치지 않고 오래 달릴 수 있다.

수업시간에 졸지 않는 것은 공부 근육을 언제든지 쓸 수 있도록 준비운동을 하는 것이다. 그래야만 수험 공부를 시작할 때 지치지 않고 공부를 지속할 수 있다. 예습, 복습을 하면 더할 나위가 없겠지만 수업을 제대로 듣기도 힘든데 무리할 필요는 없다. 수업 시간에 수업만 제대로 집중해서 들으면 된다. 수업에서 들었던 것은 뇌에 피가 되고 살이 된다. 나중에 수험 공부에 전념하면서 교과서를 보면 수업시간에 배웠던 것이 자연스럽게 떠오를 것이다. 공부를 하다가 고개를 끄덕이면서 '이 내용은 선생님이 수업에 설명해줬던 내용이구나.' 라는 생각이 들 것이다.

수업시간에 졸지 않기 위해서 나처럼 선생님을 좋아하거나 무서워할 필요는 없다. 잠을 자지 않을 수 있는 자기만의 노하우가 있으면 된다. 정 잠이 와서 견딜 수가 없다면 손을 들고 선생님에게 얘기해라. '너무 졸려서 잠시 세수 좀 하고 오겠다.' 고 말이다. 요즘 학교 교실 뒤에는 서서 공부할 수 있도록 받침대가 높은 책상이 있다. 잠이 오면 교실 뒤로 나가서 서서 공부해라. 선생님은 그런 모습을 보고 대견하게 생각할 것이다. 중요한 것은 본인의 의지다. 프로게이머를 목표로 할 정도의 의지를 가지고 있다면 수업

시간에 졸지 않는 것은 아주 간단하지 않은가? 내가 보기에는 수업시간에 졸지 않는 것보다 프로게이머가 되는 것이 아무리 못해도 몇 배는 힘들다.

❺
충분한 잠을 자라

게임과 공부를 같이 병행할 수 있는 방법에는 전제조건이 있다. 바로 잠을 충분히 자는 것이다. 잠을 충분히 자지 못하면 수업 시간에 집중하기가 어렵고 쏟아지는 잠을 참아내기 힘들다. 자기도 모르게 늦은 밤까지 게임을 하다가 얼마 못 잔 경험이 있을 것이다. 다음 날에 쓸 에너지를 미리 쓴 셈이다. 이렇게 되면 다음 날 온 종일 피곤하고 몸에 힘이 없다. 이런 생활 패턴이 습관이 되면 학교에서 계속 졸게 된다. 잠을 어떻게 자느냐에 따라서 미래가 바뀔 수도 있다.

학생이라면 반드시 '아침형 인간'이 돼야 한다. 아침형 인간이란 아침에 일찍 일어나고 밤에 일찍 자는 수면 유형을 가진 사람을 말한다. 대부분 학교 수업이 아침부터 시작되므로 아침에 정신이 깨끗해야 수업 시간에 온전히 집중할 수 있다.

아침을 기분 좋게 시작하기 위해서는 밤에 충분히 자야한다. 사람마다 차이가 있으나 일반적으로 7시간 내외가 가장 적절한 수면 시간이라고 한다. 만약 아침에 일어나서 준비하고 등교하는 시간을 고려하여 7시에 일어나야 된다고 하면 밤 12시에는 잠에 들어야 한다. 게임을 좋아하는 사람에게 밤 12시에 잠을 자라고 하는 것은 큰 고역일 것이다. 특히 프로게이머 지망생이라면 게임에 집중이 가장 잘되는 시간인 늦은 밤을 놓치고 싶지 않을 것이다. 하지만 게임과 공부 두 마리 토끼를 다 잡고 싶다면 의식적으로 수면 시간을 조절해야한다.

게임을 하다 보면 자기도 모르게 게임을 계속 하게 된다. 게임을 할 때 두뇌는 쾌락을 느끼게 해주는 호르몬인 아드레날린을 분비한다고 한다. 쾌감을 느끼게 되면 그 순간에는 잠이 잘 오지 않는다. 공부로는 밤을 새기 어렵지만 게임으로 밤을 새는 것이 수월한 이유이기도 하다. 게임을 이겼을 때 느끼는 짜릿함, 게임을 졌을 때 느끼는 분노 모두 수면에 방해가 된다. 게임에 지게 되면 몸에서 열이 나고 쉽게 흥분이 가라앉지 않는다. '마지막 게임은 이긴 다음에 잠을 자야지' 라고 생각하면서 이길 때까지 게임을 하려고 하면 안 된다. 게임을 하다 보면 잠을 자는 타이밍을 놓칠 수도 있기 때문이다. 따라서 12시에 잠을 자기로 마음을 먹었다면 적어도 11시에는 하던 게임을 멈추고 잘 준비를 하는 것이 좋다. 게임을 더 하고 싶은 유혹을 느껴도 다음 날을 위해서 몸에 충분한 휴식시간을 주어라. 책을 읽거나 조용한 음악을 들으면 잠이 드는데 도움이 될 것이다. 뜨거운 차를 마시는 것도 좋다.

사람은 쉽게 변하지 않는다. 생활패턴을 고치는 것은 아주 어려운 일이다. 나는 중학생 때부터 집중을 하면 손톱을 물어뜯는 버릇이 있었다. 손톱을 하도 많이 물어뜯어서 피가 날 정도인데도 계속해서 물어뜯었다. 열 개의 손톱이 성한 날이 없었다. 의식적으로 손톱을 물어뜯지 않으려고 해도 나도 모르게 손톱을 물고 있었다. 왜 손톱을 물어뜯는 버릇이 생겼는지 모르겠지만 버릇을 고치는 것은 쉽지 않았다. 다행스럽게도 지금은 손톱을 물어뜯지 않지만 아직도 뭔가에 집중을 하면 나도 모르게 손이 입으로 갈 때가 있다.

잠을 자는 시간을 조절하는 것도 이와 비슷하다. 평소에 밤에 늦게 자는 사람이 갑자기 하루 만에 일찍 자기는 쉽지 않다. 처음에는 잠자리에 누워도 잠이 잘 오지 않을 것이다. 하루에 5분, 10분씩 수면시간을 조절한다는 마음가짐으로 천천히 자신을 바꿔보자. 규칙적으로 2개월, 3개월 정도 지속하다보면 원하는 시간에 잠을 잘 수 있을 것이다.

나는 다행히 일찍 자고 일찍 일어나는 편이라 밤 11시 정도가 되면 잠이 온다. 중, 고등학생 때에는 늦어도 12시에는 잠을 잤다.

지금은 11시가 넘어가면 잠을 자러 간다. 프로게이머로 활동할 때는 선수들과 연습을 하느라 새벽 2시 정도에 잠을 잤다. 다른 프로게이머들은 보통 4시에서 5시에 잠을 잤으니 프로게이머 치고는 일찍 잠에 든 편이었다. 덕분에 다음날 아침에는 가장 먼저 일어나서 외국어 공부를 하거나 공원을 산책했다. 독특한 전략은 주로 아침에 생각이 많이 났는데, 아침에 정신이 가장 깨끗했기 때문이었을 것이다.

프로게이머가 되고 나서도 일찍 자고 일찍 일어나라는 뜻은 아니다. 프로게이머의 목표는 이기는 것이다. 승리하기 위해서 가장 효율적인 수면시간을 찾아내서 적용하면 된다. 밤을 새워가며 연습을 하고 아침에 잠이 드는 것이 이기는 데 더 좋다고 판단되면 그렇게 하면 된다. 다만, 학생일 때는 가능하면 '아침형 인간'이 되는 것을 추천한다. 수업 시간에 지장이 없도록 적당한 시간에 잠에 들고 충분한 수면을 취해라.

❻
게임할 시간은 넘쳐흐른다.

　이 쯤 되면 이런 의문이 생길 것이다. '아니, 게임과 공부를 도대체 어떻게 같이 한단 말이야? 공부야 학교에서 한다고 치면 되지만 게임할 시간이 턱 없이 모자란 것 아니야?' 라고 생각할 수 있다. 결론부터 말하자면 게임할 시간은 정말 많다. 게임을 할 수 있는 시간이 넘쳐흐를 정도다.

　초등, 중학생이라면 학교를 마치고 집에 오면 오후 4시에서 5시쯤이 될 것이다. 11시까지 게임한다고 가정하면 하루에 6시간 동안 할 수 있다. 저녁 먹는 시간을 제외하면 5시간 이상은 온전히 게임에만 집중 할 수 있다. 하루에 5시간 동안 게임을 하는 게 부족하다고 생각하는가? 평일만 있는 것이 아니라 토요일, 일요일도 있다. 주말에는 게임을 할 수 있는 시간을 조금 적게 잡아서 하루에 10시간이라고 치자. 평일 5시간, 주말 10시간을 일주일에 할 수 있는 게임 시간으로 환산하면 45시간이 된다. 일주일에 45시간을 게임한다고 하면 하루 평균 6시간 이상 하는 셈이다.

고등학생이라면 야간자율학습 실시 여부에 따라서 게임을 할 수 있는 시간이 줄어들 것이다. 혹자는 프로게이머를 목표로 하기에는 현저하게 게임 시간이 모자라다고 생각할 수도 있다. 하지만 이 정도 연습시간이면 노력 여하에 따라 충분히 프로게이머 수준의 실력을 가질 수 있다. 예를 들어 유명한 스타크래프트 프로게이머인 이영호와 이제동은 중, 고등학생 때부터 남다른 실력을 보여주었다. 아마추어 시절부터 프로게이머 사이에서 실력이 굉장히 뛰어나다는 소문이 자자했다. 아마추어인 그들을 각자의 팀으로 스카우트하기 위해서 각 프로게임단 감독들끼리 신경전을 벌였을 정도다. 그들은 곧장 프로게이머로 데뷔했으며 관계자들의 예상대로 누구보다 빠르게 최고의 선수가 됐다. 나는 그들의 성장을 지켜보면서 게임을 잘하는 데에는 노력이 무엇보다 중요하지만 재능이 더 중요할지도 모른다는 사실을 실감했다.

그들도 아마추어일 때는 학교를 다니며 게임 연습을 했다. 밀도 있는 연습을 거듭하다보니 아마추어임에도 불구하고 프로게이머를 이길 정도로 실력을 갖춘 것이다. 그들은 아마 프로게이머로 성공할 수 있는 확신을 가졌을 것이다. 그런 재능을 확인한 다음에 공부보다 게임에 치중한 것이며 프로게이머로 데뷔한 것이다. 너무 뛰어난 재능을 가진 프로게이머를 예로 들었다고 불평하지 말자. 앞에서 서술했지만 프로게이머를 꿈꾼다면 어중간하게 해서는 안 된다. 프로게이머가 되었다고 해도 그들처럼 성공하지 못하면 금방 게임을 그만 두고 다른 일을 준비해야 한다. 결과적으로 내가 하고 싶은 말은 학교를 다니면서도 게임을 할 시간은 충분하다는 것이다. 게임하는 시간의 절대량이 중요한 것이 아니라 그 시간에 얼마나 집중하느냐가 중요하다. 어떤 마음가짐으로 게임을 하느냐에 따라서 제 2의 이영호, 이제동이 될 수도 있고 전(前) 프로게이머 지망생으로 끝날 수도 있다.

방학을 이용하는 것도 좋은 방법이다. 방학이 되면 온전히 무언가에 집중할 수 있는 시간이 주어진다. 여름 방학과 겨울 방학을 합치면 1년에 3개월에 가까운 시간이다. 방학을 이용해서 자기가 프로게이머로서 재능이 있을지 없을지 시험해보면 어떨까?

나는 수능시험을 준비한 고등학교 3학년 여름 방학을 제외하고는 방학 때마다 게임을 했다. 스타크래프트가 출시되고 난 이후에는 스타크래프트만 했다. 나는 고등학교 1학년 때 방학을 이용해서 여러 온라인 대회와 PC방 대회에 출전했다. 프로게이머들이 많이 속해 있는 클랜에 가입해서 프로게이머들과 친분을 다지고 그들이 게임하는 방식을 배웠다. 클랜이란 게임을 즐기는 사람들이 모여 만든 모임이다. 스타크래프트에는 수많은 클랜이 있는데 일종의 써클, 동호회, 동아리와 유사하다고 생각하면 된다. 프로게이머가 많이 속해 있는 클랜의 경우에는 가입 테스트를 볼 정도로 유저들에게 인기가 많았다. 온라인에서 처음 만난 사이지만 내가 속한 클랜 프로게이머 형들은 나를 친동생처럼 잘 챙겨주었다.

내가 대학교 1학년을 마치고 다시 프로게이머로 활동을 하고 있을 때, 우리 팀에 고등학교를 다니는 프로게이머가 한 명 있었다. 편의상 Y라고 하겠다. Y는 학기 중에 학교를 성실하게 다녔다. 온게임넷 스타리그와 같은 개인전 예선전 혹은 중요한 경기가 있을 때는 서울에 있는 팀 합숙소를 찾아왔다. Y는 게임에 재능이 뛰어나서 학교를 다니면서도 예선전을 통과하는 등 좋은 모습을 보여줬다. 방학이 되면 게임단 합숙소에 짐을 싸고 와서 같이 대회를 준비했다. Y는 게임과 공부 둘 다 소홀히 하지 않았다. 프로게이머로 준수한 성적을 거뒀으며 이후에 좋은 대학에 진학했다. 현재는 본인이 원하는 것을 찾아 새로운 삶을 살고 있다.

학교 수업이 끝난 이후, 주말, 그리고 방학을 활용해서 누구나 언제든지 프로게이머에 도전할 수 있다. 시간이 없다고 불평하지 마라. 주어진 시간을 최대한 집중해서 사용해보라. 시간을 허투루 버리지 마라. 의지를 가지고 매 순간 충실하게 임한다면 게임과 공부 둘 다 원하는 만큼 할 수 있을 거라고 확신한다. 그리고 시간이 지날수록 원하는 목표에 점점 가까워지는 자신의 모습을 볼 수 있을 것이다.

⑦
선택과 집중

　게임과 공부를 같이 해보기로 마음을 굳혔다면 이제 남은 것은 실천뿐이다. 작심삼일이라는 유명한 사자성어가 있듯이 뭔가를 계획했을 때, 그 계획을 그대로 실천하는 것은 쉽지 않다. 많은 사람들이 연초에 여러 가지 목표를 세운다. 운동하기, 담배 끊기, 외국어 자격증 따기, 한 달에 몇 권 책 읽기 등. 이러한 목표를 계획대로 실천하는 사람이 몇이나 될까? 처음에 잠깐 하다가 그만 두는 경우가 대부분일 것이다.

　게임과 공부 둘 중 하나를 하는 것도 벅찬데 두 가지를 모두 제대로 해야 한다. 방법은 하나뿐이다. 게임과 공부 외에 다른 것은 모두 포기한다. 그리고 집중한다. 방법은 이것밖에 없다. 아무리 게임을 좋아하는 사람이라고 해도 게임만 할 수 있는 것은 아니다. 이성교제를 할 수도 있고 친구들과 노래방을 갈 수도 있다. 재미있는 드라마 또는 예능 프로그램을 볼 수도 있다. 텔레비전을 켜면 재밌는 프로그램이 정말 많다. 리모컨만 있으면 하루 종일 텔레비전만 볼 수도 있을 것 같다. 이 외에도 여러 가지 하고 싶은 취미활동이 많을 것이다.

그렇지만 게임과 공부 두 가지와 관련이 없는 것은 과감하게 포기하자. 이렇게 하면 게임을 할 수 있는 충분한 시간을 확보할 수 있고 무엇보다 산만해지지 않는다. 공부와 게임을 할 시간을 억지로 무리해서 만들 필요가 없다. 자신의 생활패턴을 잘 살펴보고 목표와 관계없는 일들에 얼마나 많은 시간을 소모하고 있는지 생각해보자. 만약 '게임하는 것도 좋지만 텔레비전을 보는 것도 좋다', '친구들과 만나서 놀고 싶고 여자 친구도 만들고 싶다'고 생각한다면 그것도 좋다. 사실 일반적인 사람이라면 이렇게 생각하는 게 당연하다. 하지만 프로게이머의 꿈은 재빨리 포기하는 게 본인을 포함하여 주변사람 정신 건강에 좋을 것이다.

게임을 하다보면 '나는 게임에 재능이 있는 것 같은데?, 프로게이머에 한 번 도전해볼까?' 라는 생각이 들 수도 있다. 하지만 막연하게 프로게이머가 되고 싶다고 생각하는 것은 굉장히 위험하다. 이도 저도 아닌 결과가 될 수도 있기 때문이다. 프로게이머가 되고 싶다면 정말 프로게이머가 되고 싶은 것인지 자신에게 거듭 질문해라. 만약 마음속에서 진정으로 프로게이머가 되고 싶다고 결론을 내렸다면 공부와 게임을 제외한 다른 모든 것은 과감하게 버려라.

'버림의 미학'이라는 말이 있다. 무언가를 버림으로서 새로운 무언가를 채울 수 있고 변화할 수 있다는 의미의 말이다. 애플의 창립자 스티브 잡스는 '무엇을 하지 않을지 결정하는 것이 무엇을 할지를 결정하는 것만큼이나 중요하다'고 역설했다. 스티브 잡스는 수많은 컴퓨터 모델을 보고는 대부분의 모델을 폐기했다. 그리고는 몇 가지 제품만 선택해서 집중적으로 주력하고 나머지는 포기하라고 지시했다. 아이폰, 아이패드, 아이팟 등은 이렇게 탄생했다.

이제 하고자 하는 일을 정했다면 무서운 기세로 집중하자. 집중은 하고자 하는 일에 모든 힘을 쏟아 붙는 것을 뜻한다. 흐릿한 정신으로 무언가를 하는 것과 또렷한 정신으로 무언가에 집중해서 하는 것은 천지 차이다.

예를 들어보자. 공부를 할 때 수학책을 잠시 봤다가 지겨워서 영어책을 보고 그래도 집중이 안돼서 국어를 공부한다. 숙제나 과제를 하다가 텔레비전을 잠시 보고 컴퓨터 앞에 앉아서 인터넷을 한다. 이런 식으로 공부를 하면 아무런 성과도 남길 수 없다. 책을 읽기로 했으면 정해진 시간에 따라 그 책에 집중해야한다. 집중을 하면 시간의 밀도가 높아진다. 밀도 있는 삶을 살고 싶다면 무언가에 집중할 수 있어야 한다.

　게임도 마찬가지다. 게임을 많이 하다 보면 간혹 머리는 쓰지 않고 손이 가는대로 게임을 하는 경우가 있다. 내가 프로게이머일 때, 하루 종일 연습을 하다보면 모든 경기에 집중하는 것이 쉽지 않았다. 게임단 안에서 정해진 연습 일정이 있기에 일정량의 게임 수는 채워야 했다. 20게임, 30게임 가량 하다보면 눈에 힘이 풀 릴 때가 있다. 집중하지 않은 상태로 한 게임이 끝나면 남는 것은 하나도 없었다. 아까운 시간만 보낸 것이다. 그럴 때면 '이러면 안 되는데' 하는 생각이 번쩍 든다. 자리에 일어나서 스트레칭을 하 거나 앉아 있는 자세를 고쳐 앉고 다시 집중해야만 했다. 내가 집 중해서 연습에 임하지 않으면 나와 게임을 하고 있는 동료 선수도 발전할 수 없다. 나와 팀 동료 서로의 시간을 낭비하는 셈이 되기 에 집중해서 연습하는 것이 중요했다.

　집중을 하게 되면 집중이 몰입으로 바뀐다. 몰입은 무언가에 흠 뻑 빠져서 심취해 있는 무아지경의 상태를 의미한다. 집중이 피라 미드의 꼭대기로 가는 길이라면 몰입은 피라미드 꼭대기에 한 발 로 서 있는 상태로 볼 수 있다. 몰입의 중요성은 여러 학자들이 설 파했는데 무언가를 하면서 행복해질 뿐만 아니라 단기간에 엄청 난 발전을 이룩할 수 있다. 몰입을 하면 자신만의 세계에 빠진다. 누군가가 옆에서 무슨 말을 해도 뭐라고 했는지 모를 정도다. 몰 입하는 순간 성장 속도는 몇 배로 빨라지게 될 것이다.

　집중하는 방법에는 여러 가지가 있다. 잔잔한 음악을 틀어놓고 심호흡을 하는 것은 마음을 안정시키는데 도움이 된다. 주변을 깨끗하게 정리하여 하고자 하는 것 이외에는 아무것도 보이지 않게 하는 것도 좋다. 명상에 잠기는 것도 좋다. 사람마다 집중할 수 있는 방법과 처한 환경이 다르기 때문에 본인에게 맞는 방법을 찾아서 적용해보자.

'인생은 B(Birth)와 D(Death)사이의 C(Choice)다' 라는 말이 있다. 프랑스의 철학자 장 폴 사르트르가 남긴 명언이다. 우리는 그의 말처럼 탄생과 죽음 사이에 수많은 선택을 한다. 우리가 하는 선택에 따라서 인생은 엿가락처럼 변한다. 나는 이 명언에 단어를 하나 더 덧붙이고 싶다. C에 Choice와 더불어 Concentration을 추가하고 싶다. 우리 삶은 선택과 집중에 따라 변한다. 많은 고민 끝에 어떠한 선택을 했다면 그 선택을 실현하고 더 나은 방향으로 이끌어가기 위해서는 집중해야 한다. 게임과 공부 둘 다 집중해서 몰입하고 원하는 목표를 이뤄보자.

⑧
게임에 중독되지 마라

　게임에 대한 인식이 예전보다 많이 좋아졌다. 1990년대만 해도 게임을 하면 나쁜 사람 소리를 들었다. 오락실은 동네에서 노는 형, 깡패들이 득실거리는 장소로 여겨졌다. 지금은 게임에 대해 호의적인 사람도 많다. 게임 산업이 대중적인 문화가 되었고 성공한 프로게이머가 사회적으로 알려졌다. 그들은 게임을 그만둔 뒤에도 여러 방송매체에서 좋은 모습을 보여주었다. 게임에 대한 안 좋은 시선들도 있지만 시간이 지날수록 점점 좋아질 것이라고 생각한다.

일반인들이 게임에 대해 안 좋은 인식을 가지는 가장 큰 원인은 게임이 사람을 폐인으로 만든다고 생각하기 때문일 것이다. 사전에서 폐인이란 단어를 찾아보면 '병 따위로 몸을 망친 사람', '쓸모 없이 된 사람' 이라고 나온다. 사람을 표현하는 안 좋은 단어 중에 이만큼 안 좋은 단어는 비속어밖에 없다. 언제부터 게임이라는 단어와 폐인이라는 단어가 마치 하나의 단어인양 함께 어울리게 되었는지 모르겠지만 정말 안타까운 일이다.

게임에 대한 이런 부정적인 시각이 생긴 것은 아마 게임에 중독된 사람들이 많기 때문일 것이다. 내가 고등학생 때 PC방에 가면 항상 같은 자리에서 같은 게임을 하고 있는 사람이 있었다. 그 사람 자리에는 담배 재떨이에 수북하게 쌓여있는 담배꽁초와 컵라면 용기, 과자 봉지들이 널려있었다. 지금은 PC방에서 담배를 필수 없게 바뀌었고 담배를 피기 위해서는 지정된 흡연 장소로 가야 하지만 당시에는 PC방에서 자유롭게 담배를 필 수 있었다. 아무튼 그 사람은 매일 같이 담배 연기를 뿜어내며 열심히 마우스를 클릭했다. 사람이 게임을 하는 것인지 게임이 사람을 조종하는 것인지 알 수 없을 정도였다. PC방 사장님 입장에서는 고정 수입이 생겨서 좋았을지도 모르겠다.

그는 '게임에 중독'된 것이다.

나는 게임 중독의 기준을 개인적인 관점에서 해석한다. 자기가 게임을 그만해야 하는 상황을 알고 있고, 바로 그만할 수 있다면 게임을 아무리 많이 해도 중독이 아니라고 생각한다. 예를 들어 밤 9시까지 게임을 해야 다음 날에 지장이 없고 원활한 생활을 할 수 있다고 판단한다면 9시에 게임을 그만 하는 것이다. 하지만 본업에 영향을 주는데도 불구하고 게임을 계속 하거나 게임을 그만할 시간인 것을 알면서도 게임을 그만하지 않는 것은 정도의 차이가 있겠지만 일종의 게임 중독이라고 생각한다.

이런 기준으로 자기를 바라보면 게임에 중독되었는지 아닌지 알 수 있다. 나는 아무리 게임을 좋아하는 사람이라 해도 게임에 중독되지 않기를 바란다. 게임에 중독되면 일상을 정상적으로 보낼 수 없고 정신적으로 황폐해질 수 있기 때문이다. 게임에 지배당하지 않으려면 본인의 의지가 무엇보다 중요하다.

역설적이지만 프로게이머를 목표로 하면 게임에 중독될 일은 거의 없다. 프로게이머가 되지 못할지언정 게임에 중독되지는 않을 것이다. 왜냐하면 프로게이머에게 게임은 '일'이며 게임하는 것이 너무나도 힘들기 때문이다. 게임을 좋아해서 프로게이머가 됐지만 지면 안 된다는 부담감을 가지고 게임을 하게 되면 스트레스를 받게 된다. 스트레스가 극심해서 밤에 잠을 제대로 자지 못하는 선수도 있다. 게임을 하면서 고통을 받는 사람이 게임 중독이 되지는 않을 것이다.

프로게이머와 게임중독자의 뇌를 비교한 연구 결과는 흥미롭다. 프로게이머의 뇌는 게임을 하면서도 통제력을 강력하게 발휘

한다고 한다. 따라서 아무리 많이 게임을 해도 중독에 빠지지 않고 건전한 삶을 산다. 반면 게임중독자의 뇌는 통제력을 발휘하지 못하여 본인을 제어하지 못하고 일상생활에 영향을 미친다는 것이다.

누가 처음부터 게임에 중독되고 싶어서 중독되겠는가? 그저 스트레스를 풀기 위해서 혹은 새로운 취미생활의 하나로 게임을 시작했을 것이다. 게임을 하다 보니 자기도 모르게 빠지게 됐을 것이고 게임중독의 늪에서 빠져나오지 못하게 된 것이다. 나는 게임중독에 빠지는 이유를 어정쩡하게 게임을 하기 때문이라고 생각한다. 게임을 잘하고 싶은 것은 아닌데 그렇다고 하기 싫은 것은 아닌 경우다. 할 게 없어서 시간을 보내기 위해 게임을 하는 것이다. 프로게이머를 목표로 한다면 성공하든 실패하든 끝을 보게 되는 법이다. 하지만 아무런 생각과 의지 없이 게임을 하게 되면 끝이 보이지 않는다.

모든 사람이 게임을 하면서 목표를 가질 필요는 없다. 실제로 게임을 하면서 프로게이머를 꿈꾸는 사람은 그 수가 아주 적다. 일반인이 프로게이머처럼 게임을 집중해서 할 필요는 없다. 그저 재미있게 즐기면 된다. 프로게이머가 목표가 아니라면 게임을 스트레스 해소용으로 활용하면 그만이다. 게임에 지배당하지 말고 게임을 지배하라. 만약 게임을 원하는 시간에 그만두기가 어렵다면 주변사람에게 도움을 요청해라. 부모님, 친구와 만나서 그들에게 나의 문제에 대해 털어놓아라. 전문가에게 상담을 받는 것도 좋다. 게임중독도 도박, 알코올 중독과 마찬가지로 치료를 통해 고칠 수 있다.

다시 한 번 말하지만 무엇보다 자신의 의지가 가장 중요하다. 나는 프로게이머와 게임폐인은 한 끗 차이라고 생각한다. 자기가 어떤 마음가짐을 가지느냐에 따라서 프로가 될 수도 있고 폐인이 될 수도 있다. 당신의 의지는 뚜렷한가, 그렇지 않은가?

❾

게임과 공부 사이에서
고민하는 너에게

사람은 누구나 무언가에 빠지면 그것만 하려고 하는 습성이 있다. 독서를 좋아하는 사람은 시간이 날 때마다 책을 볼 것이다. 영화를 좋아하는 사람은 쉴 때마다 영화관에 찾아 갈 것이다. 게임을 좋아하는 사람도 마찬가지다. 게임에 빠지면 마우스와 키보드만 잡고 싶고 시간이 나면 PC방에 갈 것이다. 하지만 학생이라면 게임에 빠지더라도 공부를 소홀히 하지 말고 게임을 했으면 한다.

나 역시 그런 고민을 정말 많이 했다. 게임에 어느 정도 재능이 있는 것 같고, 공부보다는 게임을 더 하고 싶은데 게임을 못하게 하는 부모님이 미웠다. 하지만 수능시험을 준비하면서 생각이 많이 바뀌었다. 공부도 게임과 마찬가지로 새로운 것을 배워가는 재미가 있었다. 단지 집중하는 것이 게임보다 힘들뿐이었다. 게임과 공부 사이에서 나처럼 고민하는 사람이 많이 있을 것이다.

2005년, 내가 22살 프로게이머로 활동하고 있을 때, 한 통의 메일을 받았다. 이제 막 고등학교 3학년으로 진학한 학생으로부터 온 메일이었다. 편의상 D라고 하겠다. D는 게임을 무척 좋아해서 프로게이머가 되고 싶은데 고3 수험생 신분으로 학업을 포기하기는 불안했던 모양이다. 그의 글에는 게임과 학업 사이에서 느낀 고민의 흔적이 보였다. D의 부모님은 아마도 '쓸데없는 생각하지 말고 공부나 해라'고 했을 것이다. 그의 고민에 지난날의 내가 엿보여 그에게 답장을 했다. 아래는 답장의 전문이며 맞춤법이 맞지 않거나 이모티콘이 있어도 양해해주기 바란다. 있는 그대로 쓰는 것이 당시에 내가 전하고자 하는 생각이 잘 전달될 것 같아 그대로 두었다.

날짜 : 2005년 1월 12일
보낸이 : 조형근
안녕하세요.
조형근입니다. 어색하네요. ㅎ ㅎ
으음 제가 학생 때 갖고 있었던 생각들이랑 비슷하네요.
저도 중학교 때부터 스타크래프트를 시작하고 고등학교까지

해와서 쉽사리 공부를 다시 하기가 힘들더군요.

고2 말쯤에 스타리그에 진출했었을 때, 그 때의 무대에서의 느낌이랄까요? 뭔가 사람들이 저를 잘한다고 인식하는.. 약간의 우월감이라고 할까나.. 그런 것 때문에 다시 공부하기가 힘들었습니다. ^^ 잘난건 하나도 없는데 말이죠.. ㅋㅋ

고3때 3~4월 이었던거 같은데 네이트배 예선전까지는 나갔었구요. 담임선생님과 부모님께서 반대가 정말 심하셨는데 예선전에서 떨어지면 공부한다고 했죠.

지금 생각해보면 그 때 떨어진 것이 정말 잘 되었다고 생각하고요. ^^

ㅁ군은 두 마리 토끼를 다 잡고 싶으시겠지만, 고3 수능 공부를 하면서 프로게이머를 같이 한다면 둘 다 힘들지도 모르겠네요. 둘 다 많은 시간을 요하는 것들이기 때문이죠.

일단 1년이 넘지 않은 시간만큼은 최선을 다 하셔서 공부에 투자하시고 수능을 보신 다음에 프로게이머에 대한 꿈을 다시 찾아가는 것이 좋을 거 같아요. 물론 저도 학교 다니면서 게임 방송 볼 건 다 봤었는데요..^^;;

다른 프로게이머들이 방송에서 활약하는 것을 보면 가슴이 아프더군요.. 흐흐 나도 계속 게임 했으면 쟤보다는 더 활약할 수 있었을텐데.. 라고 말이죠. 내가 다시 복귀할 때 즈음에 스타크래프트가 망해버리면 어쩌나 라고도 생각했었구요.

음.. 제가 하고 싶은 말은 결국은 지금은 수능 보실 때까지 공부를 하셨으면 해요~. 프로게이머는 나중에도 할 수 있지만 학창 시절의 고3은 일생에 한번뿐인 시간이니까요. ^^

결과가 좋을지 안 좋을지는 알 수 없지만, 제가 경험해보고 생각해 본 결과로는 공부가 게임하는 것 보다는 쉬웠던 거 같아요. ^^

공부를 잘하면 나중에 게임도 잘 할 수 있을 거다. 지금 공부를 못하면 나중에 게임에서도 성공할 수 없을 거다 라고 생각하세요. 꼭 이렇게 된다는 것은 아니지만요. ^^

공부로 인하여 자신감을 가지시면 나중에 대학 생활이나 잠시 접어두었던 프로게이머 꿈을 다시 잡으러 갈 때 많은 도움이 될 거라고 생각해요. ^^

지금 당장의 꿈은 프로게이머 쪽으로 훨씬 더 기울어 있을 수도 있지만 D님의 먼 미래에의 꿈은 또 다를 것이라 생각해요~. 그 미래의 다른 꿈을 위해서 지금은 잠시 투자를 한다고 생각하시구요. 프로게이머로서의 꿈은 1년 뒤에 다시 펼쳐 나가도록 하세요.~

저는 고3때 프로게이머 생활을 포기하고 공부했던 것을 너무나도 다행으로 생각해요. 그 때 저를 공부시켜주셨던 부모님과 담임선생님께 정말 감사드리구요. 1년 뒤, 아니 시간이 더 걸릴 수도 있겠지만 나중에 무대에서 보도록 해요~. 안 봐주고 상대해 드릴게요.

도움이 됐을지 안 됐을지 모르겠지만.. 잠 잘 때 많이 생각해보세요~. 도움이 되었으면 합니다.

그럼 저는 지금 제가 하고 있는 일에 최선을 다하러 가볼게요.

D님도 공부 열심히 하세요   (_ _)

사람은 참 변하지 않는 것 같다. 지금 글을 쓰고 있는 30대 중반의 나는 D에게 답장을 해주었던 20대 초반의 나와 거의 똑같은 생각을 하고 있다.

D는 내가 보낸 메일을 확인하고 거듭 감사하다는 답장을 했다. 고3에는 공부에 전념하겠다는 말도 덧붙였다. D가 이후에 프로게이머가 되었는지, 지금은 어떤 삶을 살고 있는지는 모르겠다. 하지만 한 가지는 확신한다. 그가 공부를 한 것을 후회하지는 않을 거라는 사실만은. 게임과 공부 사이에서 갈팡질팡하고 있는 우리나라의 수많은 D에게 자그마한 도움이 되었으면 하는 마음이다.

⑩
10대들이여, 미래를 향해
스노우볼을 굴리자

    현재 우리나라에서 가장 인기가 많은 게임인 리그오브레전드에는 '스노우볼(Snow ball)이라는 게임 용어가 있다. 스노우볼은 게임 상에서 어떤 플레이를 기점으로 점점 게임이 기울어지는 현상을 말한다. 리그오브레전드는 5:5 게임인데, 한 선수가 다른 팀 선수를 공격해서 이득을 취했다고 하자. 이 이득 덕분에 다른 곳에도 이득이 생기게 되고 이런 이득이 쌓이고 쌓여서 게임에 승리하게 된다. 눈이 쌓여있는 산에서 눈이 굴러 내려올 때, 처음에는 눈 크기가 주먹 크기만 하지만 산을 내려오면서 눈덩이가 점점 커지게 되는 것을 빗댄 말이다.

우리는 미래를 향해서 스노우볼을 굴려야 한다. 10대에 굴린 스노우볼은 20대를 거쳐 30대, 40대, 50대, 죽을 때까지 굴러간다. 스노우볼을 굴리는 것도 중요하지만 언제 굴리느냐도 중요하다. 10대에 굴리기 시작한 스노우볼과 50대에 굴리는 스노우볼은 큰 차이가 있다. 10대에 굴린 스노우볼은 50대가 되면 40년의 시간 동안 커져서 엄청난 크기가 될 것이다. 하지만 50대에 굴리기 시작한 스노우볼이 10대에 굴린 스노우볼과 같아지려면 90대가 돼야 한다.

그럼 스노우볼로 무엇을 굴려야 할까? 10대에 굴릴 수 있는 스노우볼에는 무엇이 있을까? 아이돌은 자신의 노래와 춤을 굴린다. 매일 피나는 연습을 해서 스노우볼의 크기를 키운다. 노래와 춤뿐만이 아니라 작곡, 연기를 병행하기도 하면서 한류 스타로 성장하기도 한다. 프로게이머 지망생이라면 게임을 굴릴 것이다. 그들은 프로게이머의 경기를 분석하고 늦게까지 연습하면서 게임 스노우볼의 크기를 키울 것이다.

나는 프로게이머가 되려고 하는 학생들에게 두 개의 스노우볼을 굴리도록 권하고 싶다. 두 개의 스노우볼은 게임과 공부다. 편의상 '게임 스노우볼', '공부 스노우볼'이라고 하겠다. 양 손에 두 개의 스노우볼을 꽉 쥐어 잡고 동시에 굴려라. 게임을 하면 게임 스노우볼이 커질 것이고 공부를 하면 공부 스노우볼이 커질 것이다.

내가 두 가지 스노우볼을 동시에 굴리도록 권하는 이유는 게임 스노우볼에는 장애물이 조금 많기 때문이다. 그리고 게임 스노우볼은 그 크기를 키우기가 어렵다. 일정 크기가 되면 더 이상 커지지 않는 경우가 많다. 그렇게 굴러가다가 큰 바위를 만나면 부딪쳐서 멈추고 만다. 하지만 공부 스노우볼은 평생 동안 굴러간다. 장애물도 적고 크기에도 한계가 없다.

10대에 공부 스노우볼을 굴리지 않으면 위험하다. 나이가 들어 공부 스노우볼을 굴릴 수도 있다. 하지만 10대 때 굴렸을 때 만나는 장애물보다 장애물이 훨씬 많다. 10대부터 스노우볼의 크기를 키워 놓으면 미래에 훨씬 수월하다. 스노우볼을 손에 잡고 있는데도 굴리지 않는 선택을 하지 않았으면 좋겠다. 게임을 좋아하는 우리나라 10대들이여, 한 쪽 손에 들고 있는 '공부 스노우볼'을 힘차게 굴리자.

Part
03

Pro Gamer

미래를
꿈꿔라

①
나의 대학교 신입생 시절

　'청춘은 청춘들에게 주기엔 너무 아깝다' 영국 극작가 조지 버나드 쇼는 이렇게 얘기했다. 나는 인생을 통틀어서 대학교 1학년 때가 가장 청춘다운 나이라고 생각한다. 대학생이 되면서 비로소 10대에서 벗어난다. 스무 살이라는 단어에는 무언가 생기롭고 화사한 것들이 연상된다. 힘든 고등학교 수험생 시절을 보내고 난 직후에 가지는 꿀처럼 달콤한 휴식기이다. 대학교 3, 4학년이 되면 취업 준비로 또 다시 미래에 대해 진지한 고민을 해야 한다. 스무 살은 20대 중에 가장 밝게 빛나는 나이라고 생각한다.

나는 원래 대학교에 입학하자마자 휴학을 하려고 했다. 수능시험이 끝나자마자 곧바로 프로게이머에 다시 도전하기 위해서 서울에 있는 게임단 합숙소로 올라갔다. 중학생일 때부터 나를 챙겨줬던 감독님과 프로게이머 형들은 모기업의 후원을 받으며 게임단을 창단했다. 나보다 앞서있던 프로게이머들은 기업과 연봉 계약을 하면서 진정한 의미의 '프로'게이머가 됐다. 나는 고등학교 2학년 때 온게임넷 스타리그에 진출하면서 프로게이머로 데뷔하긴 했지만 연봉 계약을 할 정도로 유명하거나 실력이 뛰어나지는 않았다. 그래서 얼른 다른 프로게이머들처럼 실력을 키우고 연봉 계약을 하고 싶었다. 일종의 연습생 신분으로 합숙 생활을 하며 동료 프로게이머들의 연습을 도와주고 실력을 키워나갔다.

12월부터 1월까지 두 달 정도 연습을 거듭하고 있었는데, 갑자기 건강이 안 좋아졌다. 영양실조에 폐결핵이 겹친 중병이었다. 게다가 폐에 물이 차는 늑막염이라는 병까지 걸렸다. 자기 관리를 제대로 하지 못한 탓이었다. 병원에서 엑스레이를 찍었더니 폐에 물이 가득 차있어서 갈비뼈가 보이지 않았다. 갈비뼈가 있는 부분은 원래는 하얀 뼈가 보여야 정상인데 검정색만 보였다. 집 앞 병원에서는 얼른 큰 병원에 가서 수술을 받아야 한다고 했다. 나는 건강을 위해서 고향인 부산으로 돌아올 수밖에 없었고 그대로 병원에 입원했다.

수술은 간단했다. 폐 근처 옆구리 살을 조금 잘라서 그 사이로 1미터 정도 되는 호스를 집어넣고 고정했다. 폐와 연결된 호스를 통해서 조금씩 물이 흘러나왔다. 일주일정도 병원에 입원했는데 옆구리에 호스가 붙어 있어서 잠을 자는 것이 힘들었다. 나도 모르게 옆으로 몸을 굴리면 호스가 당겨져 와서 옆구리가 굉장히 아팠다. 나는 정자세로 누워서 그대로 움직이지 말고 잠을 자야했다. 지금도 내 옆구리에는 수술 자국이 선명하게 남아 있다. 퇴원할 때에는 몸이 쇠약해질 대로 쇠약해져서 무언가를 할 수 있는 힘이 나지 않았다. 체중은 50kg가 되었다. 내 키가 176cm 임을 감안하면 거의 뼈밖에 남지 않은 상태였다. 의사선생님은 약을 꾸준히 먹고 한 달에 한 번씩 병원에 와서 경과를 지켜보자고 했다.

부모님은 몸이 완전히 다 나을 때까지는 게임을 하지 말라고 했다. 자기관리를 못해서 생긴 병이었기 때문에 부모님의 말씀에 따를 수밖에 없었다. 나는 어쩔 수 없이 대학교에 입학하고 대학교를 다녔다. 지금 와서 생각해보면 스무 살에 대학교를 다니게 된 것은 천운이라고 생각한다. 게임을 위해 대학교를 바로 휴학했다면 20대 중반에 대학교 1학년을 다녔을 것이다. 하지만 몸이 아팠던 덕분에 남들과 똑같은 나이로 대학교를 다닐 수 있었다.

나는 기계공학부와 화학공학부 두 가지 전공에 합격했는데, 부모님의 권유로 기계공학부에 입학했다. 기계공학부가 나중에 취업을 준비할 때 다른 학과보다 유리하다는 것은 대학교 3학년이 되어서 알았다. 기계공학부는 공과대학 중에서도 여학생이 거의 없는 학과다. 나는 남자 중학교와 남자 고등학교를 졸업했는데, 다시 남자 대학교에 온 것 같은 느낌을 받았다.

대학교 생활은 낭만이 가득했다. 넓은 대학 캠퍼스는 고등학교와는 다른 자유가 느껴졌다. 동아리에서 만난 선배와 친구들은 내 평생지기가 되었다. 나는 선배, 친구들과 밤을 새워가며 연애 상담을 안주삼아 술잔을 기울였다. 간혹 근처에서 스타크래프트 PC방 대회가 열리면 출전해서 상금을 타오기도 했는데, 부모님에게 얘기하지 않고 동아리 친구들과 평소에 사먹지 못하는 비싼 안주에 술을 마셨다. 여름에는 지리산으로 엠티를 갔다. 지리산 정상까지 올라가는 것은 정말 힘들었지만 내려오는 길에 쳐다본 밤하늘은 잊을 수가 없다. 하늘에 별이 그렇게 많이 있는지는 태어나서 처음 알았다. 그대로 주저앉아서 한동안 별을 쳐다보았다. 나는 기분이 좋을 때, 혹은 울적할 때마다 대학교 1학년 시절 생각을 많이 한다. 그 때 그 나이에 했던 소소한 고민들과 추억들이 아직도 아련하게 떠오른다. 대학 생활은 내가 사람으로서 더 성장할수 있게 해주는 터전이었다. 동아리에서 만난 선배, 친구들은 내 삶을 더욱 풍요롭게 만들어주었다.

나는 대학교 1학년 때 강의를 잘 듣지 않았다. 부모님과 교수님에게는 죄송하지만 강의를 거의 다 빼먹고 친구 자취방에 가서 술을 마시거나 만화방에 갔다. 대학교 시험은 고등학교와 다르게 주관식 문제밖에 없다. 문제 풀이 과정을 적지 못하면 정답을 적어도 좋은 점수를 받지 못했다. 당시 친구들끼리는 시험 시간에 제일 먼저 나오는 사람에게 '금메달을 땄다'고 놀렸다. 나는 시험이 시작되자마자 백지를 집어 들고 시험 감독관에게 죄송하다고 인사를 하고 시험장에서 나왔다. 덕분에 여러 개의 매달을 목에 걸었다.

강의는 거의 듣지 않는 대신 일본어를 공부했다. 초등학생 때 일본 게임을 많이 해서 기본적인 히라가나, 가타카나는 읽을 줄 알았지만 대학에 들어와서 문법과 회화를 제대로 공부했다. 학교 도서관은 시간에 관계없이 공부를 하고자 하는 학생들의 열기로 가득했다. 강의가 끝나거나 주말에 할 것이 없으면 틈틈이 도서관 한 귀퉁이에 자리를 잡고 일본어를 중얼거렸다. 나는 몇 달간의 공부 끝에 일본어 자격증을 취득하는 기쁨을 누렸다.

대학교 1학년 생활동안 나는 새로운 세상을 맘껏 만끽했다. 게임밖에 몰랐던 나는 대학 생활을 통해서 세상에는 다양한 생각과 수많은 진로가 있다는 것을 알게 됐다. 이는 프로게이머를 완전히 그만 두고 대학 공부를 새로 시작할 때 큰 힘이 되었다. 대학교 1학년을 마치고 몸도 완전히 완쾌됐다. 나는 다시 프로게이머가 되기 위해서 서울에 있는 팀 합숙소로 올라갔다. 대학교를 다닌 1년 동안 게임을 쉬었기에 실력은 떨어질 때로 떨어졌다. 프로게이머 입장에서 보면 한창 실력이 창창할 1년을 허비한 것이다. 그래도 게임단 감독님과 동료 프로게이머 형들은 나를 반갑게 맞이해주고 실력을 키울 수 있도록 도와주었다. 비록 게임은 1년 쉬었지만 나는 내 인생에서 스무 살이 가장 행복했다.

②
프로게이머가 동경하는 삶

　대학교 1학년을 마치고 서울에 있는 게임단으로 다시 올라와서 열심히 연습을 했다. 연습을 하다가 점심 식사 시간이 되어 선수들이 다 같이 모여서 밥을 먹었다. 밥을 먹으면서 이런저런 얘기가 오가는 중에 한 프로게이머 동료가 나에게 물어보았다. '대학교 다닐 때 엠티 가봤어? 엠티 가면 뭐해?' 나는 잠시 머뭇거리며 대답을 못했다. 엠티는 멤버십 트레이닝(Membership Training)의 약자로 학과나 동아리에서 단체로 여행을 가는 것을 뜻한다. 근교에 갈 때도 있고, 다른 지방으로 멀리 갈 때도 있으며 보통 1박 2일 일정으로 다녀온다. 엠티 장소에 도착하면 숙소에 짐을 풀고 단체 활동을 하다가 저녁이 되면 술자리가 벌어진다. 술을 마셔가며 친목을 다지고 이성간에 이른바 '썸'이 생기기도 한다.

엠티에 가서 뭐하냐는 동료 프로게이머의 질문에 내가 대답을 머뭇거린 것은 순간적으로 '정말 엠티를 몰라서 물어보는 걸까' 라는 생각을 했기 때문이다. 나는 엠티에 대해서 자세하게 알려주었다. 엠티에 대한 설명을 들은 동료는 '아 나도 가보고 싶다, 너는 정말 좋겠다.' 며 웃으며 얘기했다. 나도 같이 웃었지만 약간 씁쓸한 기분이 들었다. 당시 대부분의 프로게이머는 고등학교를 마치고 프로게이머가 되었거나 고등학교를 자퇴하고 프로게이머가 된 경우가 많았다. 대학에 진학하는 프로게이머가 일부 있었지만 군 입대를 늦추기 위한 수단인 경우가 많았다.

프로게이머 삶은 일반인의 삶과 다르다. 프로게이머는 승부에서 이기기 위해서 최대의 효율을 발휘하는 환경에서 적응하며 살고 있다. 게임 외에 다른 것은 생각해선 안 되며 게임에만 집중해야 한다. 우리는 농담으로 게임단 합숙소를 '실미도' 라고 했다. 실미도는 2003년에 개봉한 영화인데, 영화의 내용은 간단하게 말하면 이렇다. 병사들이 실미도라는 섬에 갇혀 다른 것은 하지 못하고 혹독한 훈련을 받는 줄거리다. 얼마나 갑갑함을 느꼈으면 농담이라고 해도 합숙소를 실미도에 비유했을까?

프로게이머는 이성 교제를 하는 것도 쉽지 않다. 여자 친구 혹은 남자 친구가 생기면 연습하는 데 지장이 생길 수도 있기 때문이다. 게임은 양손을 사용해서 하는 것이다. 하지만 손가락만으로

게임을 할 수는 없다. 손을 열심히 움직이면서 머리로는 여러 가지 경우의 수를 생각해야 한다. 두뇌회전을 빠르게 할수록 유리하다. 이런 이유로 e스포츠를 멘탈(정신) 게임이라고도 한다. 플레이어의 정신 상태는 게임 플레이에 그대로 영향을 미친다. 고도의 집중력을 요구하는 프로게이머 세계에서 조그마한 빈틈이 생기면 경기에 악영향을 준다. 프로게이머 직업 특성상 데이트를 할 시간을 내는 것이 쉽지 않고, 전화 통화를 할 수 있는 시간마저 부족하다. 이러한 이유로 이성친구와 다툼이 생기게 되고 자연스럽게 게임에 집중하기가 힘들어진다. 물론 이성 교제를 하면서 서로에게 위로가 되고 응원을 해주면서 더 좋은 성적을 내는 경우도 있다. 하지만 대부분은 이성 친구가 생기면 경기력에 문제가 생긴다.

가끔 일주일정도 오래 쉴 수 있는 휴가를 받으면 다들 고향으로 쉬러 갔다. 나도 부산에 있는 집으로 내려갔다. 부산에 도착하면 친구들을 만나서 맥주를 한잔 하곤 했다. 친구들은 어린 나이에 돈을 벌고 있는 나를 만나면 부럽다고 하면서 술값은 나보고 내달라고 했다. 친구들을 자주 보지 못했기 때문에 한번 만나면 오랜 시간 회포를 풀었다. 친구들은 나를 부러워했지만 나는 평범한 생활을 하고 있는 친구들이 부럽기도 했다.

프로게이머는 다른 사람들이 일반적으로 경험하는 것을 느낄 기회가 별로 없다. 프로게이머로 성공하기 위해서는 힘든 연습 과정과 다람쥐 쳇바퀴 굴러가는 나날을 참고 버텨야 한다. 이렇게 힘든 나날을 견딜 수 있는 이유는 최고의 선수가 되고자 하는 목표가 뚜렷하기 때문이다. 최고의 선수가 되어 모두의 인정을 받고 부와 명예를 얻기 위해서다.

하지만 명심해야하는 것이 있다. 프로게이머로 성공한다고 해도 그 성공이 언제까지 지속될지는 아무도 모른다는 사실이다. 안타깝게도 프로게이머의 전성기는 아무리 길어도 몇 년밖에 되지 않는다. 프로게이머로 데뷔한지가 얼마 되지도 않았는데 몇 년 뒤에 곧 은퇴를 고려해야 하는 시점이 다가온다. 세상에 존재하는 것 중에 영원한 것은 없다. 세월은 흐르기 마련이고 프로게이머는 나이가 들어가면서 여러 가지 이유로 기량이 점점 떨어진다. 고민은 하나둘씩 늘어나고 게임 외적으로 생각할 것들도 많아진다. 이와 더불어 나이 어리고 재능 있는 프로게이머는 계속 등장해서 본인의 자리를 지속적으로 위협한다.

나는 앞서 게임과 공부를 병행하라고 했다. 프로게이머를 은퇴하고 프로게이머가 동경하는 평범한 삶으로 돌아왔을 때, 본인의 두 다리로 우뚝 설 수 있어야 한다. 그렇게 하려면 어떤 준비를 미리 해야 하는 것일까? 해답은 이미 알고 있으리라 생각한다.

❸
게임 말고 하고 싶은 것이
생기지 않을까?

　사람은 자라면서 변한다. 주변 환경, 만나는 사람, 누군가가 해 주는 말, 특별한 경험 등을 통해서 싫었던 것이 좋아지기도 하고 좋았던 것이 싫어지기도 한다. 엄마를 이해하지 못했던 딸이 아기를 가지면서 엄마를 이해하게 된다. 줄담배를 피던 사람이 폐암 선고를 받고 끊지 못하던 담배를 단숨에 끊어버리기도 한다.

　내가 초등학생일 때 학교에서 장래희망을 조사했다. 우리 반에서 가장 인기 있었던 직업은 경찰관과 선생님이었다. 초등학생들이 정말로 경찰관이나 선생님이 되고 싶기보다는 학생들의 눈에는 그들의 모습이 멋져 보여서 그렇게 답했을 것이다. 게임을 좋아하는 친구는 '오락실 주인'을 장래희망으로 적기도 했다. 나는 장래희망을 '만화가'로 적었다. 게임을 좋아하긴 했지만 초등학생 때는 만화 그리는 것을 더 좋아했다. 문방구에 가서 연습장을 구입해 직접 만화를 그렸다. 스토리는 단순했다. 반 친구들이 주인공이었고 옆 반 친구들과 축구를 하는 내용이었다. 나는 반 친구들에게 거금 '100원' 씩 받고 내가 그린 '만화책'을 친구들에게 보여주었다. 500원이 모이면 다시 연습장을 사서 만화를 그렸다. 여학생들의 장래희망은 현모양처가 많았다. 우리 부모님 세대는 아버지와 어머니의 역할이 뚜렷했다. 아버지는 회사에 가서 돈을 벌어왔고 어머니는 살림을 꾸리고 자식들 뒷바라지를 했다. 여학생들이 장래희망으로 현모양처를 적은 것은 그런 어머니를 보고 자랐기 때문일 것이다.

중학생이 돼서는 장래희망에 대해 생각해보지 않았던 것 같다. 게임이 좋아서 게임이 하고 싶었을 뿐, 프로게이머가 되고 싶다고 생각하지는 않았다. 무언가가 되고 싶다는 마음보다는 특별한 생각 없이 하루하루를 보냈던 것 같다. 내 친구들도 대부분 마찬가지였다. 고등학생 때는 게임을 하고 싶은 마음이 가장 컸다. 부모님과 의견 대립이 가장 많았고 게임과 공부 사이에서 고민도 많이 했다.

그도 그럴 수밖에 없는 것이, 학교에 가면 나는 친구들과 항상 게임 얘기를 했다. 집에 돌아와서 게임에 접속하면 당연히 그 게임을 하는 사람밖에 없었다. 지금 생각해보면 게임을 좋아했기 때문에 게임 얘기밖에 들리지 않았고 게임밖에 보이지 않았던 것이다. 이런 환경이라면 프로게이머밖에 꿈 꿀 수 없게 된다. 보고 만지고 듣는 것이 게임밖에 없는데 프로게이머가 아닌 꿈이 나오는게 이상하지 않은가? 사람은 먹어본 음식을 생각하면 그 맛을 떠올릴 수 있지만 먹어보지 못한 음식은 맛을 떠올릴 수 없는 법이다.

대학교에 입학하는 순간 새로운 것들이 보였다. 고등학교 때까지는 비슷한 환경에서 자란 동갑내기 친구밖에 만나지 못한다. 대학교에서는 고등학생 때와 비교할 수 없을 정도로 다양한 사람을 만날 수 있었다. 대학의 전공은 수십 개에 이른다. 같은 것을 보더라도 인문학도는 인문에 대해 생각하고 공학도는 수식을 생각한다. 만나는 사람의 나이도 다양하다. 내가 가입한 동아리에는 나보다 7살 많은 선배도 있었다. 그런 수많은 사람들이 한 공간에 모여 서로에게 영향을 주고받는다. 취업을 준비하는 선배에게는 '세상의 무서움'을, 고시를 준비하는 선배에게는 '의자에 오래 앉아 있는 법'을, 노래를 잘 부르는 친구에게는 '바이브레이션'을 하는 방법을 배울 수 있다. 자기에게 주어진 환경에 따라 관심사가 천양지차이기에 여러 가지 꿈을 들을 수 있다. 공무원, 대기업 직원, 고시 합격과 같은 일반적인 장래희망 외에도 통역관, 국제연합기구 직원 같은 목표를 가지고 있는 친구들도 있었다.

게임만 좋아하던 나에게 새로운 관심사는 일본어였다. 어릴 때부터 일본어 공부를 막연하게 해야겠다는 생각은 항상 가지고 있었다. 일본 게임에 나오는 글자들을 번역한 공략집이 없어도 일본어를 이해하고 싶었기 때문이다.

대학교에서 우연히 나와 같은 일본 가수를 좋아하는 친구를 만났다. 친구가 듣고 있던 노래를 같이 듣기 위해 이어폰 한 쪽을 내 귀에 꽂았는데 내가 좋아하는 일본 노래가 흘러나왔다. 나도 이 노래를 좋아한다고 했더니 친구도 깜짝 놀라면서 좋아했다. 서로 신나게 히트곡 얘기를 하다가 일본어 공부를 해야겠다는 생각이 문득 들었다. 나는 바로 서점으로 가서 일본어 기초 문법 교재를 샀다. 어학 동아리에도 가입했다. 어학 동아리에서는 영어와 일본어로 나뉘어 해당 외국어를 집중적으로 공부했다. 나는 일본어를 공부했는데 함께 공부했던 친구들은 모두 일본어 전공자였다. 그들에게 일본어를 배우면서 일본에 대해 더 많이 알게 되고 일본어를 사용할 수 있는 직업을 가지고 싶다는 생각을 했다.

대학교 졸업반이 되어 취업을 준비할 때도 이것이 나한테 맞을지 저것이 나한테 맞을지 고민을 많이 했다. 나이가 들면서 관심사가 계속해서 변할 수 있기 때문이다. 내 적성에 부합하고 오랜 시간 동안 전문성을 키울 수 있는 일을 하고 싶었다. 고민 끝에 현재는 자동차 회사에서 자동차 설계를 하고 있다. 설계 업무는 컴퓨터를 많이 사용하고, 하나의 일에 집중해야하는 업무가 많다. 내 성향에 딱 맞는 일을 선택한 것이다.

게임밖에 몰랐던 나는 대학에서 많은 사람들을 만나며 다양한 간접 경험을 했다. 프로게이머를 은퇴할 때도 아쉽기는 했지만 힘들지는 않았다. 게임보다 더 즐거운 일이 있을 거라는 사실을 알았기 때문이다. 꿈은 나이에 따라 새로 생기기도 하고 사라지기도 한다. 새로운 꿈이 생겼을 때, 그 꿈을 위해 다시 전념할 수 있어야 한다. 그리고 또 다른 꿈을 향해 높은 곳에서 멀리 바라볼 수 있는 힘을 키우자.

4

기회는 준비된 사람에게
다가온다

'나비 효과'라는 말이 있다. 브라질에 있는 나비의 날개 짓이 미국 텍사스에 토네이도를 발생시킬 수도 있다는 과학이론이다. 나비 효과처럼 사람의 조그마한 변화는 미래에 큰 영향을 끼칠 수 있다고 생각한다. 미래에 어떤 일을 하고 있는 것은 과거에 그것과 관련 있는 무언가의 날개 짓이 있었기 때문이다.

대학교 2학년일 때다. 대학생을 대상으로 일본에 문화체험을 갈 수 있는 프로그램이 있었다. 정부에서 지원하는 프로그램이었으며 한 대학교에서 한 명 또는 두 명의 학생을 선발했다. 학교 대표로 선발이 되면 9박 10일 동안 일본에서 일정에 맞춰서 여러 가지 경험을 할 수 있었다. 이 프로그램이 매력적이었던 것은 모든 비용이 '공짜'였기 때문이었다.

나는 학내 게시판에서 이 프로그램에 대한 공지를 보자마자 바로 신청했다. 평소에 외국에 가보고 싶었지만 비용이 만만치 않아서 선뜻 가기가 힘들었다. 학교 대표로 선발이 되기만 하면 돈 걱정 없이 10일 동안 일본에서 보낼 수 있었다. 대표 학생 선발 기준은 학점과 일본어 자격증이었다. 대학에서는 형평성을 고려하여 인문사회 전공자에서 한 명을 선발하고, 공학 전공자에서 한 명을 선발했다. 나는 공학 전공자 중에 대표로 선발됐다. 일본에서 보낸 10일은 잊을 수가 없다. 일본 전통 기예를 체험하고 각종 문화재를 관람했다. 주말에는 일본인 가정집에서 이틀 동안 보내면서 실제 일본 문화와 생활을 접했다. 자유시간이 주어지면 일본 맥주를 종류별로 마셔보기도 하고 숙소 근교를 거닐었다. 일본 대학생들은 어떻게 생활하는지 궁금해서 도쿄대학교 학생 식당에 가서 일본 학생들 사이에 껴서 같이 밥을 먹기도 했다.

내가 학교 대표로 선정된 것은 학점이 좋아서가 아니었다. 지원자가 너무 적었기 때문이다. 공학 전공자 중에는 일본어 자격증을 가지고 있는 사람이 많지 않았던 모양이다. 학기 중에 10일 동안 강의를 빼먹어야 하는 것도 이유였다. 나는 강의에 빠지더라도 평소에 해볼 수 없는 경험을 해보자고 생각했다. 미리 일본어를 공부했던 것이 이런 기회를 잡게 만들어주었다.

프로게이머도 마찬가지다. 실력이 받쳐주지 않으면 주전 프로게이머가 될 수 없을뿐더러 출전 기회도 오지 않는다. 게임단 대 게임단으로 팀 단위 경기를 하는 경우에는 게임단에서 가장 신뢰받는 프로게이머만 출전할 수 있다. 감독과 코치 그리고 동료 선수들에게 신뢰를 받기 위해서는 충분한 연습을 하고 경기를 준비해야한다. 경기에 출전하기 위해서는 경기에서 승리할 수 있다는 것을 감독과 코치에게 충분히 피력할 수 있어야 한다.

다른 예로 프로게이머를 그만 두고 게임해설가가 되는 경우를 생각해보자. 게임에 대한 이해도가 높고 목소리가 좋다면 은퇴 후에 게임 해설가를 해보지 않겠냐는 방송사의 제의가 들어올 것이다. 게임해설가는 방송을 시청하는 팬에게 게임 상황에 대해 알기 쉽게 설명해주고 게임이 앞으로 어떻게 진행될 것인지 예측하는 일을 한다. 더불어 긴장감 있는 말투와 목소리로 현장 분위기를 고조시켜 시청자들을 게임에 몰입하게 만든다.

게임해설가는 아무나 되는 것이 아니다. 게임해설가도 타고난 재능과 더불어 뼈를 깎는 노력이 필요하다. 게임에 대한 정확한 이해는 필수다. 자기가 이해하지 못하는 것을 시청자에게 전달할 수는 없다. 내가 모르는 것을 어떻게 남에게 전달할 수 있겠는가. 게임 해설가가 프로게이머 출신이 많은 이유는 이 때문이다. 또한 게임에 대한 높은 이해도를 바탕으로 시청자에게 알기 쉽고 조리 있게 표현할 수 있어야 한다. 전문적인 것을 일반인도 알 수 있도록 알기 쉽게 설명하기 위해서는 뛰어난 재능이 필요하다. 발음과 억양도 중요하다. 아무리 해설의 질이 높고 알기 쉽더라도 시청자가 듣기 불편하다면 아무런 소용이 없다.

이런 요소들이 어느 순간 갑자기 갖춰지는 것일까? '나는 게임 해설가가 될 거야' 라고 생각하는 순간 바로 이런 능력들이 몸에 부여되면 얼마나 좋을까. 하지만 그런 기적이 생길 리가 없다. 게임 해설가가 되고 싶다면 프로게이머 선수로 활동할 때부터 미리 준비해야 한다. 게임 연습을 하는 과정에서 순간순간 상황을 정리하는 습관을 들여야 한다. 한 게임이 끝나면 다른 선수에게 게임 상황에 대해서 쉽고 명확하게 질문하고 표현하는 연습을 해야 한다.

게임단 코치도 마찬가지다. 코치에게는 다른 무엇보다 선수들을 어우를 수 있는 리더십이 필수다. 선수들이 코치를 신뢰하고 자연스럽게 따를 수 있도록 만들어야 한다. 선수들과 조화롭게 지내는 것도 중요하다. 선수가 코치를 싫어하는 경우에는 코치의 말이 옳든 그르든 대화 자체를 하지 않으려 한다. 프로게이머와 코치 사이가 극도로 나빠져서 프로게이머가 방출되기도 하고, 반대로 코치가 경질되기도 한다. 프로게이머 은퇴 후에 지도자가 되고 싶다면 프로게이머일 때부터 다른 동료에게 관심을 가지는 습관을 들이고 누구보다 앞장서서 동료들을 챙기는 습관을 들여야 한다.

'기회는 준비된 자에게 다가온다.' 라는 명언이 있다. 미리 준비가 되어있어야 기회가 왔을 때 놓치지 않고 잡을 수 있다. 프로게이머를 꿈꾸든 아니면 다른 일을 목표로 하든 마찬가지다. 지금 이 순간에 하고 있는 일이 무엇이냐에 따라서 미래에 찾아오는 것이 기회가 될 수도 있고, 위기가 될 수도 있다.

⑤
몇 년 뒤를 생각하라

　2000년대 초반, 전국은 스타크래프트에 열광하는 팬들로 가득했다. 프로게이머 시장은 나날이 발전했고 많은 대기업들이 프로게이머를 후원했다. SK텔레콤에서 게임단 창단을 결정하고 선수들에게 억대 연봉을 지급했을 때, 다른 팀 프로게이머들은 물론 게임 관계자들은 자기 일처럼 기뻐했다. 지금도 프로게이머는 스포트라이트를 받고 있고 여전히 팬이 많지만 2000년대 초반과 비교하면 그 기세가 조금 누그러진 듯하다.

　2004년 온게임넷 프로리그 결승전은 특별했다. 당시 우리 팀은 결승전에 진출했고 상대 팀은 이제 막 창단한 SK텔레콤이었다. 그 때의 결승전이 남달랐던 이유는 부산 광안리 해수욕장에서 야외 경기로 진행됐기 때문이다. 고향인 부산에서 결승전이 열려서 친구들은 경기장으로 응원을 와주었다. 관중들이 얼마나 와줄까 걱정했던 기획 담당자의 얼굴은 경기가 시작되기 한참 전에 함박웃음을 짓는 하회탈처럼 바뀌었을 것이다. 관중이 정말 어마어마하게 많이 왔기 때문이다. 당시 언론에서는 10만 명의 관중이 왔다고 보도할 정도였다.

무대 위에서 정면을 바라봤던 그 때 느낌을 잊을 수가 없다. 자기 앞에 수만 명의 관중이 있다고 생각해봐라. 관중들이 함성소리를 지르면 땅이 떨렸고 덩달아 내 몸도 함께 떨렸다. 우리 팀은 접전 끝에 4:3으로 우승을 차지했고 나는 프로게임계가 획기적으로 성장하는 순간을 현장에서 직접 목격했다. 이후에도 온게임넷 프로리그는 매년 광안리에서 결승전을 진행했다. 그러나 관중 수는 조금씩 줄어들었다. 부풀었던 빵이 식으면서 작아지듯이 그렇게 서서히 결승전의 규모가 줄어들었다.

시간은 항상 빨리 지나가는 것처럼 느껴지고 모든 것은 시간에 따라서 변한다. 많은 직업이 마찬가지겠지만 프로게이머 세계는 다른 업종보다 유독 시간이 빠르게 흐르는 것 같다. 내가 고등학교 1, 2학년 때 각종 PC방 대회에 참여하고 대회 예선전을 전전했을 시기에 활동했던 스타크래프트 프로게이머를 1세대 프로게이머라고 한다. 1세대 프로게이머들은 힘들게 게임을 했다. 제대로 된 후원을 받지 못해 대회에서 받은 상금을 팀 운영비로 사용했다. 여관에서 잠을 자고 근처 PC방에서 연습을 했다. 담배 연기가 자욱한 PC방에서 제대로 밥을 먹지도 못했다. 돈이 없어서 컵라면으로 끼니를 때울 때도 많았다. 나는 고등학생이었기에 서울에 대회가 있거나 방학 때만 잠시 그런 경험을 했다. 지금의 프로게임 산업을 만든 것은 순전히 1세대 프로게이머들의 꿈과 희생 덕분이다.

내가 수능시험을 보고 대학교 1학년까지 마친 다음에 다시 프로게이머가 되기 위해 돌아왔을 때는 상황이 더 많이 바뀌었다. 기업에서는 프로게임단을 연이어 창단했다. 프로게이머는 높은 연봉을 받으면서 보다 좋은 환경에서 게임을 할 수 있었다. 반찬은 부족했지만 배부르게 밥을 먹을 수 있었고 내 침대에서 편하게 잠을 잘 수 있었다. 하지만 선수들은 많이 바뀌었다. 수능시험을 보고 대학교 1학년을 마친 그 2년 동안 많은 프로게이머가 게임을 그만 두었다. 불과 2년 전만해도 유망주 소리를 들으며 각종 경기에서 활약했던 프로게이머 중에 절반 이상은 쥐도 새도 모르게 자취를 감추었다. 임요환, 홍진호 선수 같은 유명한 프로게이머들은 여전히 승승장구 하고 있었다. 하지만 게임 판을 키운 많은 1세대 프로게이머들이 조용히 사라졌다.

그리고 또 다시 2년이 지난 2005년, 나는 프로게이머를 그만뒀다. 당시 내 나이는 22살이었다. 프로게이머로서 어느 정도 기량은 충분하다고 생각했고 선수 생활을 계속할 수 있는 자신감도 있었지만 최고의 선수가 되기에는 여러모로 부족하다고 느꼈다. 최고가 될 수 없다면 언제까지 프로게이머로 활동을 할 수는 없었다. 내가 그런 고민을 하는 사이에도 많은 프로게이머와 연습생들이 짐을 싸고 고향으로 내려갔고 나이 어린 새로운 신예들은 그들의 자리를 메웠다.

나는 프로게이머를 은퇴하고도 다시 게임을 할 수 있는 기회를 얻었다. 대한민국공군에서 스타크래프트 게임단을 창설한 것이다. 군 입대를 고민하던 선수들은 공군에 입대해서 군복무를 하면서 동시에 게임 대회에 참여할 수 있었다. 프로축구의 국군체육부대(상무)와 비슷한 개념이었다. 나는 원래 육군 최전방에 동반입대를 하려고 했었는데, 그 시기에 공군에서 게임단을 창단했고 운좋게 공군에 입대했다. 덕분에 2년 동안 국방의 의무를 지면서 게임 대회에 참여할 수 있었다. 안타깝게도 대한민국공군 프로게임단은 얼마 후 해체되고 말았다.

군대에 있는 2년 동안 또 다시 많은 선수들이 사라지고 새로운 신예들이 데뷔했다. 게임을 포기하는 프로게이머들이 계속 나왔다. 프로게이머로 데뷔하지 못하고 연습생으로 게임의 꿈을 포기한 사람을 포함하면 그 수는 훨씬 많을 것이다.

프로게이머가 되는 것은 하늘의 별 따기다. 아니, 조금 과장해서 표현하면 우주의 별 따기와 같다. 하지만 열심히 노력해서 별을 땄다고 해도 프로게이머의 수명은 노력한 것에 비해 너무 짧다. 내가 생각하기에 프로게이머 수명은 길어야 3년이다. 연습생으로 시작해서 주전 프로게이머가 되어 연봉을 받을 수 있는 기간만 따지면 더 짧다. 너무 짧은 것 같은가? 그렇다면 3년 전에 활동하던 프로게이머 중에 지금도 꾸준하게 활약하는 프로게이머가 몇 명인지 생각해봐라. 씁쓸하지만 몇 명 되지 않을 것이다.

물론 어디에나 항상 예외가 있다. 최고의 선수가 될 자질과 인성을 가지고 있다면 10년 동안 프로게이머를 할 수도 있다. 임요환, 홍진호, 이제동, 이영호, 이상혁 같은 선수들은 오랜 시간 프로게이머를 했고 언제나 팬들에게 좋은 모습을 보여주었다. 그들은 프로게이머를 그만 둔 이후에도 다른 이에게 귀감이 되는 인생을 살고 있다.

누구나 그들처럼 최고가 될 수 있다고 단언할 수 없다. 그들처럼 최고가 되었다고 해도 미래를 준비할 필요가 없는 것도 아니다. 그들은 프로게이머를 은퇴한 이후에도 새로운 일을 찾아서 왕성하게 활동하고 있다. 나도 한 사람의 팬으로서 정말 뿌듯하고 자랑스럽다. 그렇기에 프로게이머를 꿈꾼다면 언제나 몇 년 뒤를 내다보라고 얘기하고 싶다. 어떤 선택을 할지는 개인의 자유다. 그러나 미래에 대해 생각해보고 준비된 선택을 할 수 있다면 보다 지혜롭고 윤택한 삶을 살 수 있지 않을까?

❻
프로게이머를 은퇴하고

앞에서 말했듯이 대한민국공군에서 프로게임단을 창단한 덕분에 나는 군복무를 하면서도 게임 대회에 참여할 수 있었다. 군인 신분으로 대회에 참여하는 것은 또 다른 경험이었다. 경기에서 승리하는 선수에게는 세레머니를 할 수 있는 기회가 주어진다. 일반 프로게임단의 선수들은 보통 승리하고 양 팔을 머리 위로 번쩍 들었다. 개성이 넘치는 선수들은 독특한 세레머니를 했다. 공군에 소속된 선수들은 군인답게 주로 거수경례를 세레머니로 했다.

프로게이머가 게임을 그만두려고 하는 이유는 실력과 함께 자신 감이 떨어지기 때문일 것이다. 하지만 군대를 다녀와야 한다는 부담감도 무시할 수 없다. 대한민국 남성이라면 누구나 군대에 입대해야 한다. 군대에 복무하는 2년 동안은 게임을 할 수가 없다. 따라서 제대를 하고 프로게이머로 복귀하려면 또 다시 혹독한 연습을 해야만 했다. 그런 점에서 대한민국공군 프로게임단은 프로게이머에게 선수 생명을 연장할 수 있는 기회를 제공해주었다.

군대에서 2년을 보내고 25살이 된 나는 얼마 안 있으면 제대할 때가 되었다. 나는 다시 한 번 진로를 고민했다. 프로게이머로 다시 도전하기에는 실력과 체력이 부족했다. 프로게임단 코치와 e스포츠협회에서 곧바로 일을 할 수도 있었다. 나는 고민 끝에 대학 공부를 시작하기로 결정했고 마지막 휴가를 나와서 복학 신청을 했다.

대학교 1학년 때 강의를 거의 듣지 않아서 내 학점은 엉망이었다. 제대로 수강한 강의가 없었기 때문에 1학년부터 다시 공부를 시작해야 했다. 5년 가까운 시간 동안 공부에 손을 놓았다가 다시 시작하려니 쉽지 않았다. 다행스럽게도 친구들이 3, 4학년으로 학교를 다니고 있었다. '어떤 교수님이 학점을 잘 주는지', '예상 시험 문제는 무엇인지' 등을 친구들에게 물어보며 대학 생활에 적응했다. 부족한 학점을 채우기 위해서 방학 때는 계절 학기를 빼먹지 않고 수강했다. 시험이 끝나면 친구들과 술을 마시면서 '우리 때는 취업이 어렵다', '누구랑 누구랑 헤어졌다더라.' 이런 얘기를 하면서 평범한 일상을 보냈다.

프로게이머를 했다고 해서 받게 되는 불이익은 전혀 없었다. 대부분의 사람들은 전(前) 프로게이머인 나를 좋게 봐주었다. 사람들은 내게 '프로게이머 생활은 어땠는지', '어떤 프로게이머가 게임을 가장 잘하는지' 등을 물어보았다. 학교 선배들은 간혹 술에 취하면 스타크래프트 한 판 하자고 했다. 주변 사람들은 나를 잘 챙겨줬고, 나는 그런 사람들이 고마웠다.

대학교 4학년이 되어 취직을 준비할 때도 프로게이머 경력은 전혀 흠이 되지 않았다. 기업에 입사하기 위한 자기소개서를 쓰는데, 프로게이머를 했다는 사실을 적어야 할지 말아야 할지 많이 망설였다. 프로게이머에 대한 인식이 좋아지고 있었지만 기업 입장에서 게임에 빠져있는 사람을 좋아하지 않을 수도 있었다. 혹시나 프로게이머를 했다고 적었다가 서류 심사에서 떨어질 수도 있었다. 그러나 내 인생에서 게임을 빼놓고는 나에 대해서 정확하게 표현할 수 없었기에 솔직하게 프로게이머를 했다고 적었다. 나는 결국 자기소개서의 모든 부분을 프로게이머 경험과 연관해서 작성했다. '성격', '본인의 장점과 단점', '하고 싶은 직무', 잘하는 것', '못하는 것' 등 모두 프로게이머로 활동한 것을 바탕으로 썼다.

자기소개서에 합격하고 1차 면접과 2차 면접을 봤다. 면접관은 프로게이머를 한 경험에 대해서 집중적으로 질문을 했다. '프로게이머를 계속 하면 돈 많이 벌지 않는가?', '왜 프로게이머를 그만두었는가' 등의 질문이었다. 나는 면접관에게 솔직하게 생각하고 있는 바를 얘기했다. 최종 합격자 발표 일에는 긴장이 돼서 아무것도 하지 못했다. 시간이 빨리 지나서 합격 발표 시간이 됐으면 좋겠는데 시간이 너무 느리게 가는 것처럼 느껴졌다. 시간을 보내기 위해서 게임을 해봐도 소용없었다. 나는 집에서 발을 동동 굴렸다. 이윽고 '합격을 축하합니다.' 라는 메시지와 꽃다발을 받았을 때는 정말 감격스러웠다. 기업은 다른 경험을 겪은 나를 좋게 봐주었던 것이다. 부모님은 나를 자랑스러워했고 나는 그런 부모님을 보면서 더 감격했다. 신입사원 연수를 받으러 갔을 때도 나를 알아봐주는 동기가 있었다. 나는 붙임성이 없는 편이라 남에게 먼저 잘 다가가지 못하는데 다른 사람들이 먼저 나에게 관심을 가져주니 정말 고마웠다. 신입사원 연수를 마치고 지금 일하고 있는 부서에 배치됐을 때도 나를 알아봐주는 선배 직원들이 있었다. 선배들은 내가 질문하면 웃는 얼굴로 하나라도 더 가르쳐주려고 했다. 타부서 직원들은 특이한 이력을 가진 나를 쉽게 기억했고, 이는 사회생활을 하는데 큰 강점이 되었다.

프로게이머를 은퇴하고 새로 대학 공부를 시작했을 때부터 회사에 입사하여 일하고 있는 지금까지 프로게이머 경력은 나에게 가장 큰 경쟁력이다. 공부를 하면서 힘이 들 때면 더 힘들었던 프로게이머 시절을 떠올렸다. 공부를 하는 것은 게임을 하는 것과 비교하면 훨씬 수월했다. 다른 사람에게 반드시 이겨야할 필요도 없고 그저 나만 열심히 하면 되었다. 아직도 회사 생활을 하는 데 있어서 부족한 게 너무나도 많다. 하지만 어떤 일을 하던지 프로게이머를 했던 경험을 생각해서 프로답게 열심히 하고 싶다. 게임을 그만 둔 뒤에도 나는 여전히 게임에 신세를 지고 있는 셈이다.

❼
내 30대 삶을 그려본다면

서른 살이 된 자신의 모습을 상상해본 적이 있는가? 서른 살은 스무 살과는 전혀 다른 느낌이 든다. 스무 살은 싱그럽다. 봄이면 따뜻한 바람이 불어오고 꽃봉오리에서 꽃잎이 하나 둘씩 피어나기 시작한다. 스무 살은 이렇게 피어나는 꽃잎과 같은 나이다.

서른 살은 느낌이 조금 다르다. 서른이 되면 나이가 좀 먹었다는 느낌이 든다. 패기 넘치는 스무 살과는 다르게 무엇을 하더라도 조심스러워진다. 사람을 대할 때도 나도 모르게 상대방의 의중을 먼저 살피게 된다. 계절에 비교하면 여름이 끝나고 가을이 다가오는 느낌이다. 가수 김광석의 '서른 즈음에'는 이런 서른 살의 느낌을 잘 표현한다. 더 이상 남에게 의지할 수 없고 도리어 남들이 나에게 의지하기 시작한다.

잠시 눈을 감고 서른 살의 내 모습을 그려보라. 어떤 모습을 하고 있는가? 결혼은 했고 자녀는 있는가? 주말에는 어떻게 지내고 있는가? 혹시 서른 살에도 게임을 계속 하고 있는가?

나는 프로게이머로 활동했던 순간에도 서른 살까지 게임을 하고 있을 거라고 생각하지는 않았다. 그저 평범한 회사원이 되어 있을 것 같았다. 대학교를 무난하게 졸업해서 취직을 하고 때가 되면 결혼을 하고 자녀를 가지고 싶었다. 주말에는 자녀들과 공원에 가서 산책을 하는 평범한 삶을 생각했다. 감사하게도 좋은 회사에 취직했고, 회사에서는 선배들에게 혼나기도 하고 작은 성과에 뿌듯함을 느끼기도 하면서 잘 적응하고 있다. 지금도 여전히 게임을 좋아해서 게임 방송을 찾아본다. 프로게이머들의 플레이를 보면서 감탄하기도 하고 직접 게임을 할 때도 있다. 하지만 프로게이머 시절처럼 집중해서 게임을 하지는 않는다. 나에게 게임은 스트레스를 해소할 수 있는 하나의 통로이다. 나중에 자녀가 생기면 자녀와 함께 PC방에 가서 같은 게임을 즐기고 싶다.

휴식을 즐기기 위해서는 마음에 여유가 있어야 한다. 마음에 여유가 없으면 쉬어도 쉬는 것이 아니다. 취업에 어려움을 겪고 있는 사람들은 당장 하는 일이 없어도 마음이 불안하다. 마음이 여유로우려면 우선 경제적으로 안정돼야 한다. 자기가 먹고 싶은 것은 사 먹을 수 있고 영화를 보고 싶으면 영화를 볼 수 있는 경제력이 필요하다. 스무 살이 정신적으로 독립을 하는 시기라면 서른 살은 물질적으로 독립을 해야 하는 시기다.

프로게이머는 매력적인 직업이다. 어린 나이에 하고 싶은 일을 하면서 부와 명예를 얻을 수 있다. 하지만 서른 살이 되었는데 게임만 하고 살 수는 없지 않은가? 일부 선수들이 30대 프로게이머에 도전했지만 최고의 자리로 올라선 선수는 없다. 프로게이머를 꿈꾸는 사람들에게 이렇게 얘기하고 싶다.

'중, 고등학생이라면 공부를 제외한 모든 것을 포기하고 게임에 몰입하고 대학생이라면 휴학을 하고 게임에 목숨을 걸어라. 단, 서른 살이 되었을 때 어떤 일을 하고 있을지는 곰곰이 생각해봐라'

프로게이머로 성공한다면 당당히 프로게이머의 길을 걸으면 된다. 실패한다고 해도 기죽지 말고 다른 일을 찾으면 그만이다. 그렇게 해서 서른 살이 되어서 자기에게 부끄럽지 않은 삶을 살면 그만이다.

시간은 정말 빠르게 흘러간다. 나이가 한 살씩 들어갈수록 시간은 더 빠르게 흘러가는 것 같다. 스무 살의 1년과 서른 살의 1년은 시간의 속도가 다르게 느껴진다. 서른 살에 후회하지 않기 위해서는 스무 살에 하고자 하는 일을 잘 선택하고 노력해야 한다. 내친 김에 마흔 살이 된 내 모습, 오십, 육십이 된 자신의 모습도 생각해보자. 마음이 불안하고 갈팡질팡할 때 이보다 좋은 방법은 없을 것이다.

Pro Gamer

운명을 바꾸는
마음가짐

❶
나에게 질문을 던져라

　자기 스스로 질문을 던져보자. '내가 이것을 하고 있는 이유는 무엇인가?' 이 질문은 자신이 무언가를 하고 있을 때, 자신을 돌아볼 수 있는 시간을 가지게 만드는 질문이다. 지금 책을 읽고 있는 장소, 또는 혼자 생각을 할 수 있는 장소로 가서 질문을 재차 던져보아라. 우리는 평소에 조용한 장소에서 모든 것을 내려놓고 생각에 잠길 필요가 있다. 자신을 돌아보면서 자신에 대해 정확하게 알고 있어야 진정 원하는 것이 무언인지 알 수 있다.

　우리나라 사람들은 점점 사색과 거리가 멀어지고 있는 것 같다.

버스나 지하철을 타보면 많은 사람들이 스마트폰으로 무엇인가를 하고 있고, 귀에는 이어폰을 끼고 노래를 듣고 있다. 무언가에 홀린 듯이 시간을 허비하고 있다. 모든 것을 내려놓고 자신을 위해서 명상에 잠기거나 고민하는 시간이 줄고 있는 것은 자신에 대해 생각할 수 있는 기회가 줄어들고 있다는 뜻이다. 따라서 자기가 진심으로 원하는 것이 무엇인지 잘 모를 수 있다. 그만큼 다른 외부 환경에 의해 쉽게 휘둘릴 여지가 있다는 의미다.

만약 자기가 게임에 빠져있다는 느낌이 들거나 수업시간에도 게임 생각이 난다든지, 게임을 하지 않으면 뭔가 어색한 느낌이 든다면 자신에게 한 번쯤 질문을 해보는 것이 좋다. 깊이 생각에 잠길 수 있는 본인만의 장소에 가서 물어보자. '나는 왜 게임을 하고 있는 걸까?' 질문을 하고 난 다음에 시간을 가지고 느긋하게 생각해보아라. 질문에 대해 바로 답변이 바로 나오는가? '프로게이머가 되기 위해서', '게임이 재미있으니까', '친구들이랑 같이 게임을 하는 것이 좋아서' 등의 답변이 나올 수도 있고, 다른 답변이 나올 수도 있을 것이다.

답변이 나왔다면 그 답변에 다시 질문을 해보자. 예를 들어 게임을 하는 이유는 '프로게이머가 되기 위해서' 라는 답을 했다면 그렇다면 '왜 나는 프로게이머가 되려고 하는 것일까?' 라고 물어보는 것이다. 그러면 '내가 잘하는 것이 게임이니까 게임으로 성공하고 싶다.' 라는 답변을 얻을 수도 있을 것이다. 이런 방법으로 질문의 답변에 다시 질문하는 과정에서 진정한 나에게 점점 가까워질 수 있다. 이러한 사색 과정을 통해 자기가 진심으로 하고 싶은 것을 찾아낼 수 있다.

자기만의 독창적인 질문을 창조해서 색다른 질문을 할 수도 있다. 공부하기가 싫은 학생이라면 '나는 왜 공부를 싫어하는가?' 라고 질문해보자. 공부를 싫어하는 이유가 생각이 날 것이다. 공부가 그저 재미없을 수도 있고 선생님이 싫을 수도 있다. 그게 아니라면 공부가 싫어진 계기가 있을 수도 있다. 질문에 대한 답이 '공부가 재미가 없어서'라면 공부를 재미있게 할 수 있는 방법을 찾아보면 된다. 부모님과 주변 사람들에게 자문을 구해도 된다. 지인에게 물어봐도 뾰족한 수가 떠오르지 않는다면 서점으로 가서 관련된 책을 찾아보면 된다. 시중에는 여러 가지 공부 방법론을 다루고 있는 책이 있다. 흥미를 유발하는 책을 한 권 집어 들고 천천히 읽어보면 큰 도움이 될 것이다.

그렇다면 이 책의 주제에 가까운 질문을 던져보겠다. '우리는 왜 게임과 공부를 같이 해야 하는가?' 앞서 많은 예를 들어가며 게임과 공부를 같이 해야 하는 이유를 얘기했다. 내가 한 얘기에 조금이라도 고개를 끄덕였다면 다시 다른 질문을 자기에게 던져봐라. '어떻게 게임을 해야 하는가?' '공부를 통해 얻을 수 있는 것은 도대체 무엇인가?'

자문자답을 통해서 얻을 수 있는 최고의 수확은 나도 몰랐던 나에 대해서 알게 되는 것이다. 또한 앞으로 어떻게 살아야 하는지 진지하게 고민할 수 있게 된다. 독서, 교육, 상담 등 그 어떤 무엇보다도 가장 큰 동기부여가 된다. 책을 읽을 때도 마찬가지다. 책을 읽은 다음 그냥 덮어버리면 아무 것도 남지 않는다. 책을 다 읽었으면 잠시 책의 내용에 대해 생각해보고 이 책이 주는 메시지가 무엇인지 자기에게 질문하라.

어떤 질문을 던지든 그것은 본인의 자유다. 내가 나에게 질문을 하는데 누가 뭐라고 하겠는가? 확실한 것은 질문의 개수가 늘어날수록 나에 대해 생각할 수 있는 시간도 같이 늘어난다는 점이다. 나에 대해 생각할 시간이 늘어나면 삶이 변한다. 삶을 변화시킬 수 있는 기회를 놓치지 마라.

❷
남 탓 하지 마라

핑계 없는 무덤 없다는 속담이 있다. 질병, 교통사고, 과로 등 모든 죽음에는 원인이 있다는 의미의 속담이다. 사람은 누구나 자기 생각대로 풀리지 않으면 핑계를 댄다. 남 탓을 하는 경우도 많다. '잘되면 제 탓, 못 되면 조상 탓'이라는 속담도 있다. 무엇이든 좋은 일이 생기면 내가 잘해서 그렇다고 생각한다. 하지만 잘못되면 남이 잘못했기 때문에 내가 피해를 본다고 생각한다.

우리나라 사람은 특히 이런 경향이 많은 것 같다. 예를 들어 자녀가 공부를 못해서 부부싸움이 생겼다고 하자. 남편이든 부인이

든 이렇게 얘기할 것이다. '당신을 닮아서 그런 거 아니야!' 라고. 중요한 일을 앞두고 점을 보는 사람도 많다. 점을 보는 이유는 역술인이 하는 말에 위안을 얻기 위해서다. 가만히 있으면 뭔가 불안하다. 역술인이 좋은 얘기를 해주면 실제로는 변한 것이 하나도 없지만 마음이 편안해진다. 점이 맞으면 그 점쟁이가 용하다고 생각하고, 점이 틀리면 점쟁이가 잘못 알려준 게 문제라고 생각하면 그만이다.

'결정 장애' 라는 신조어도 생겼다. 선택의 갈림길에서 어느 한 쪽을 고르지 못하고 괴로워하는 심리를 뜻한다. 혼자서 무언가를 결정할 때는 그렇게 힘들지 않다. 하지만 여럿이 모여서 하나를 결정할 경우에는 결정하기가 참 어렵다. 예를 들어 친구들끼리 만나서 점심식사 메뉴를 무엇으로 할지 결정하는 것은 쉽지 않다. 내가 카레라이스를 먹자고 해서 카레라이스를 먹으러 갔는데 음식이 맛이 없으면 내 잘못이 되기 때문이다. 반대로 다른 사람이 김치찌개를 먹자고 해서 김치찌개를 먹으러 갔는데 맛이 없으면 그 사람 탓을 하면 그만이다. 맛이 있든 없든 마음 하나만은 편안하다.

게임을 할 때도 마찬가지다. 스타크래프트는 대부분 1:1 대전이기 때문에 이기든 지든 자신의 플레이에 변명할 일이 별로 없다. 스타크래프트와 반대로 리그오브레전드는 5:5 게임이 기본이기 때문에 같은 팀 구성원들과 호흡이 맞지 않으면 승리하기 어렵다. 팀원 중에 누군가 실수를 하면 온갖 타박이 난무한다. 프로게이머도 실수를 하는 판국에 일반 유저가 실수를 안 할 리가 없다. 게임은 누가 더 잘하는지 겨루는 것이기도 하지만 누가 더 실수를 적게 하는지 겨루는 것이기도 하다. 혹시라도 그 실수 때문에 게임을 지기라도 하면 욕설을 듣는 것은 기본이다. 아무런 잘못 없는 부모님까지 욕을 먹기도 한다. 하지만 자신의 실수에는 관대하다. 내가 실수한 것은 상대방이 잘 했기 때문이다. 자기의 잘못은 그럴 수 있다고 생각하면서 남의 잘못에는 쌍심지를 켜고 달려든다.

프로게이머가 되고자 한다면 이런 마음가짐은 버려야 한다. 프로게이머가 되는 것은 자신과의 싸움이기 때문이다. 남이 잘하든 못하든 내가 잘하면 좋아해야 하고 내가 못하면 자신을 질책해야 한다. 프로게이머에게는 승리가 가장 중요하지만 팬들에게 만족스러운 경기력을 보여주면 승패와 관계없이 기분이 좋다. 하지만 비록 승리를 거뒀다고 해도 나와 상대방 모두 어이없는 실수를 남발했다면 자신에게 정말 부끄러워진다.

프로게이머가 아니더라도 남을 탓하는 마음가짐은 좋을 게 하나도 없다. 남을 탓함으로써 자신의 잘못을 감추고자 하지만 다른 사람은 몰라도 자신은 잘못한 것을 알고 있다. 남 탓을 하면서 스스로를 무기력하게 만들지 마라. 남을 탓하려거든 스스로를 탓해라. 예를 들어 게임에 패배했다면 '이 게임에서 진 것은 내 잘못이다. 내가 이 부분에서 완벽한 플레이를 하지 못했다. 다음번에는 이런 실수를 하지 않도록 신경을 쓰면서 연습을 해야겠다.' 이렇게 생각해보자. 이런 생각을 의식적으로 하면서 다음 게임을 하면 자연스럽게 실력이 상승한다.

그리고 어떤 경우에서든 부모님 탓은 절대로 하지 마라. '우리 집이 가난한 것은 부모님 탓이다', '내가 성공하지 못한 것은 부모님이 나를 제대로 교육하지 않았기 때문이다', '부모님이 학원만 보내줘도 더 좋은 성적을 받을 텐데' 이런 생각은 최악이다. 모든 과정과 결과를 부모님의 탓으로 돌려서 자신에게 남는 게 뭐가 있을까?

우리는 자라면서 자기가 스스로 결정하고 그 결정에 책임을 지는 경험을 하지 못한다. 남이 입혀주는 옷을 입고 남이 정해주는 일정에 맞춰 공부를 한다. 프로게이머가 되고자 하는 것은 이러한 기존 관념을 벗어나는 측면에서 큰 도움이 된다. 그 어떤 부모님도 자녀에게 프로게이머가 되라고 권유하지는 않는다. 만약 본인이 프로게이머가 되고 싶다는 생각이 들었다면 자기 주도적으로 선택하고 판단할 수 있는 능력을 갖추게 된 것이니 축하할 일이다. 그 도전이 성공으로 끝나든 실패로 끝나든 내가 하고 싶은 것을 스스로 결정하고 그 결정에 책임을 지는 경험은 훗날 큰 자산이 될 것이다.

❸
다양한 가능성을 항상 열어 둬라

　고정 관념은 무섭다. 어떤 것을 보더라도 다른 가능성을 생각하지 못하게 만든다. 중세 시대 과학자 '갈릴레오 갈릴레이'는 태양이 지구 주위를 돈다는 기존의 학설을 깨고 지구가 태양 주위를 돈다고 주장했다가 이단자로 처형당할 뻔 했다.

　콜럼버스의 일화는 유명하다. 콜럼버스는 새로운 대륙을 찾기 위해 노력했으나 번번이 실패했다. 사람들은 그에게 야유를 보냈다. 콜럼버스는 그들에게 말했다. '달걀을 뾰족한 곳이 밑으로 가도록 탁자 위에 세울 수 있냐고' 사람들은 아무도 달걀을 세우지 못했고 콜럼버스는 달걀의 뾰족한 부분을 툭 쳐서 약간 깨트린 다음 달걀을 세웠다.

남편은 회사에 가서 돈을 벌고 부인은 집에서 살림을 해야 한다고 생각하는 것도 고정관념이다. 내가 초등학생일 때만 해도 친구들 어머니 중에 일을 하고 있는 사람은 드물었다. 어머니들은 대부분 가사를 전담했다. 식사를 준비하고 자녀에게 공부를 가르치는 등 가족을 위해 묵묵히 집안일을 했다. 하지만 외국에서는 부인이 바깥에서 일을 하고 남편은 집에서 육아를 전담하는 경우가 부지기수다. 우리나라의 문화도 점점 변하고 있다. 이제 이러한 성역할의 고정관념은 깨지고 있는 추세다.

세상은 계속 변화한다. 여러 가지 요인과 변수에 따라서 사람들의 인식이 바뀐다. 정답이라고 생각했던 것이 틀리기도 하고 틀리다고 생각했던 것이 정답이 되기도 한다. 이러한 환경에서는 열린 마음을 가지는 것이 무엇보다 중요하다.

프로게이머가 세상에 처음 나왔을 때, 대부분의 사람들은 그들을 향해 손가락질을 했다. 어른들은 게임 폐인에게 무슨 '프로'라는 표현을 쓰냐고 했다. 하지만 지금은 어떤가? 프로게이머의 사회적 위상은 나날이 높아지고 있다. 이제 프로게이머는 청소년이 가장 선망하는 직업 중에 하나이며 수많은 팬들은 프로게이머의 경기를 관람하러 경기장으로 발걸음을 재촉한다.

우리나라 유명 프로게이머가 외국에 나가면 그 인기가 대단하다. 리그오브레전드의 경우 매년 세계 대회를 개최한다. 주최 측은 세계 각 나라에서 가장 뛰어난 실력을 가진 팀을 초청해서 경기를 진행한다. 우리나라 팀은 실력이 뛰어나서 팬들의 기대가 가장 크다. 해외에서 멋진 플레이를 보여주는 우리나라 프로게이머들은 한류를 실천하고 있는 한류스타와 마찬가지라고 생각한다.

대중교통을 이용하면 스마트폰으로 게임을 하는 사람으로 넘친다. 우리나라에서 게임은 하나의 문화가 되었다. 게임을 산업이 이렇게 커질 줄 누가 알았겠는가? 이 모든 것은 채 20년도 되지 않아 벌어진 일이다. 이 짧은 시간에 이토록 발전을 하다니 놀랍기만 하다.

사람도 어떻게 변할지 아무도 모른다. 주변 환경이 바뀌거나 만나는 사람이 달라지면 관심사가 바뀌고 생각하는 것도 변한다. 책 읽는 것을 좋아하는 사람들이 모인 장소에 가면 책에 대한 얘기를 할 것이다. 등산 동호회에 가면 자연과 건강에 대해 대화를 할 것이다. 이렇듯 자기가 어디에서 무엇을 하느냐에 따라서 생각하는 것은 달라진다. 심지어 성격이 변할 수도 있다. 외향적인 사람이 내성적으로 변하기도 하고 내성적인 사람이 외향적으로 변하기도 한다. 성격은 개인 노력 여하에 따라 언제든지 바뀔 수 있다고 보는 사람들도 있다.

그렇기에 자기의 꿈을 하나로 고정하는 것은 위험하다. 그 꿈을 실현하느냐 못하느냐는 둘째 문제다. 꿈은 환경에 따라 계속해서 변하는 것이기 때문이다. 주변 조건에 따라서 필요한 것과 해야

하는 것은 계속 바뀌기 마련이다. '나는 프로게이머가 될 거야' 라고 생각하는 것은 좋은 생각이다. 하지만 '나는 프로게이머만 할 거야' 라고 생각하는 것은 위험하다. 자기 안에 숨겨진 다른 가능성을 없애버릴 수도 있기 때문이다. 프로게이머가 되고 싶다면 게임에 '올인'해라. 하지만 인생을 게임에 '올인'하지 마라.

꿈이 없는 것보다는 하나의 꿈이라도 있는 것이 낫지 않으냐고 반문할 수 있다. 하지만 나는 꿈이 없는 것보다 꿈을 하나로 한정하는 것이 더 좋지 않다고 생각한다. 꿈은 성장하면서 자연스럽게 생긴다. 집 밖에서 많은 것을 보고 경험하면 자연스럽게 하고 싶은 것이 생긴다.

인생은 길다. 위대한 꿈을 꾸되, 그 꿈에만 목숨을 걸지 마라. 다양한 가능성을 항상 열어두고 새로운 것을 스펀지처럼 받아들일 수 있는 자세를 가져라.

❹
지금 이 순간에만
할 수 있는 것이 있다

모든 일에는 우선순위가 있다. 우선순위란 어떤 것을 가장 먼저 해야 하는지에 대한 가치 판단을 내리는 것이다. 우리는 평소에 인식하지 못하지만 본능에 의해 우선순위를 지키며 살아가고 있다.

생리적인 욕구는 다른 모든 것에 우선한다. 우리는 매일 음식을 먹고, 잠을 잔다. 밥을 먹지 않으면 배가 고프다. 밥을 제대로 챙겨 먹지 못하면 다른 일에 집중하기 어려울 뿐만 아니라 건강에 문제가 생길 수도 있다. 잠도 마찬가지다. 잠을 제대로 자지 않으면 다음 날에 정신이 또렷하지 못하고 심한 경우에는 죽음에 이를 수도 있다. 따라서 우리는 대체로 정해진 시간에 밥을 먹고 잠을 잔다. 건강하게 살기 위해 가장 중요한 것이기 때문이다.

생리적인 우선순위를 해결하고 나면 사람마다 자기만의 우선순위를 정해서 다른 것을 한다. 책을 좋아하는 사람은 책을 보고 게임을 좋아하는 사람은 게임을 한다. 친구들과 만나서 술을 마시는 것을 좋아하는 사람은 친구들을 만나 술을 마신다.

그러나 '지금 이 순간' 반드시 해야 하는 것이 있으면 그것에 집중해야 한다.

조금 황당한 예를 들어 하나 들어보자. 카페에 여자 친구와 같이 왔다. 음료를 주문하고 즐겁게 이런저런 대화를 나누고 있는데 사소한 얘기가 어쩌다보니 말다툼으로 번졌다. 이상하게 대화를 하면 할수록 싸움이 커진다. 결국 여자 친구는 화가 머리 꼭대기까지 났다. 도저히 참지 못하고 자리를 박차고 일어나 카페를 나가려고 한다. 여자 친구를 붙잡기 위해서 자리에서 일어나는 순간, 갑자기 배에서 신호가 온다. 배가 너무 아프다. 화장실을 가지 않고는 버틸 수가 없을 것만 같다.

조금 과장되긴 했지만 충분히 있을 법한 일이다. 이런 경우에 나는 화장실에 가야 할까? 집에 혼자 있다면 당장이라도 화장실로 직행했을 것이다. 하지만 이 상황에서는 여자 친구를 붙잡고 화해를 먼저 해야 할 것이다. 왜냐하면 지금 이 순간에는 여자 친구와 화해하는 것이 화장실에 가는 것보다 더 중요하기 때문이다. 이 상황에서는 여자 친구와 좋은 관계를 유지하고자 하는 것이 우선순위가 높다. 남자는 아픈 배를 부여잡고 여자 친구를 쫓아가야 할 것이다.

우리의 삶도 위의 예와 다를 것이 없다. 지금 이 순간에 반드시 해야만 하는 일, 지금 이 시기에만 할 수 있는 일이 있다. 나중에 해도 언제든지 할 수 있는 일이라면 우선순위를 조금 뒤로 옮겨두면 된다.

중, 고등학생이라면 공부를 해야 한다. 이 시기가 끝나고 나면 다시 그 때처럼 공부하기가 어렵다. 이 때 공부하는 습관을 들여놓지 않으면 대학 공부를 할 때 더 고생한다. 사회에 나와서도 공부를 제대로 하지 못한다. 신입사원이라면 선배들에게 최대한 많이 물어보고 배워야 된다. 신입사원은 아는 것이 없기 때문에 궁금한 것이 많다. 무엇이든지 선배들에게 물어 봐야 하고, 선배들도 그것을 알기에 관대한 마음으로 가르쳐준다. 하지만 신입사원 때를 벗은 다음에는 질문을 하기 쉽지 않다. 충분히 생각을 한 다음에 정말 모르겠으면 질문을 해야 한다. 안 그러면 이것도 모르냐는 꾸지람을 받기 일쑤다. 프로게이머라면 게임에 모든 것을 걸어야한다. 프로게이머로 성공하려면 게임 외에 다른 모든 것은 우선순위에서 밀어내야 한다. 먹고 잘 때도 게임 생각만 해야 한다. 음주가무, 친구들과의 만남, 이성 교제, 여행 등은 나중으로 미루는 것이 좋다.

사실 대부분의 경우에는 무엇을 먼저 해야 할지 알 수 없을 때가 많다. 할 일은 산더미처럼 많은데 도통 무엇을 먼저 해야 할지 모르겠고 어떤 일에 어느 정도의 시간을 투자해야 할지 고민이다. 그럴 때는 지금이 아니면 할 수 없는 것을 먼저 하길 바란다. 학교를 다닐 때만 할 수 있는 것, 이성 교제를 할 때만 할 수 있는 것, 부모님이 살아계실 때에만 할 수 있는 것 등을 생각하면 좋을 것이다. 그래도 잘 모르겠다면 주변 사람들에게 도움을 구하는 것이 좋다. 부모님, 선생님, 친구들에게 고민을 풀어 놓아라.

　'지금 이 순간' 이라는 노래가 있다. 뮤지컬 '지킬앤하이드'에 삽입된 곡으로 힘들었던 지난날을 이겨내고 지금부터 나만의 길을 찾아나간다는 내용의 노래다. 당신에게 '지금 이 순간'은 어떤 의미로 다가오는가? 순간의 선택이 평생을 좌우한다는 말처럼 '지금 이 순간'에 할 수 있는 것에 집중하자.

❺
인생은 길고 청소년기는 짧다

우리나라 사람의 평균 수명은 얼마나 될까? 통계청에 따르면 2014년에 태어나는 아이의 평균 수명은 82.4세다. 우리나라는 이제 특수한 경우가 아니고는 평범하게 먹고 자는 데 어려움을 겪지 않는다. 의료기술 발전과 더불어서 평균 수명은 조금씩 계속 올라가는 추세다. 시간이 지나면 지날수록 평균 수명은 계속 올라갈 것이다. 사고나 질병이 아니라면 80세까지는 기본적으로 살 수 있는 시대가 됐다.

미래에 무엇을 하고 있을지 예측하기란 어렵다. 당장 내일 일도 알 수 없는데 미래를 어떻게 예측할 수 있겠는가. 하지만 항상 미래에 대해서 생각하고 자기의 삶을 큰 관점에서 조망하는 것은 인생을 설계하는데 큰 도움이 된다.

인생을 80살로 치면 중, 고등학교 6년은 총 인생의 8% 정도 되는 기간이다. 이 기간이 남은 인생에 지대한 영향을 미친다고 하면 너무 과하게 표현한 것일까? 18세기 프랑스의 사상가 장 자크 루소는 이렇게 말했다. '청소년기는 어린이부터 어른으로의 이행이다. 자신에 대해 자각하는 인간의 두 번째 탄생'이라고. 유치원생부터 초등학생까지는 자신만의 명확한 생각이 없다. 부모는 어린 자녀들을 바르게 클 수 있도록 부모의 관점으로 자녀들을 양육한다. 하지만 청소년기는 다르다. 청소년기에는 자신만의 주관이 생기기 시작한다. 자기가 하고 싶은 것이 분명해진다. 나는 이것이 하고 싶은데 부모는 저것을 요구할 경우 부모에게 반항하기도 한다. 부모의 생각과 자기의 생각이 다를 수 있기 때문이다. 흔히들 이 시기를 '사춘기'라고 표현한다. 사춘기에는 자신만의 정체성을 확립한다.

청소년기에는 다른 사람이 자기에게 아무리 뭐라고 말을 해도 본인의 생각과 다르면 잘 듣지 않는다. 부모가 아무리 공부해라고 노래를 불러도 한 쪽 귀로 들어와서 한 쪽 귀로 스르륵 빠져나갈 뿐이다. 자기가 하고 싶은 것만 하고 싶고 남이 억지로 시키는 것은 하지 않는다. 이는 바꿔 말하면 마음가짐에 따라서 무엇이든지 할 수 있다는 말과 동일하다.

나는 가능하면 청소년기에는 공부에 전념하라고 말하고 싶다. 좋은 대학에 들어가는 것도 중요하지만 그 것이 전부는 아니다. 확실한 것은 이 때 쌓아놓은 지식과 생활 습관들은 나중에 어떤 일을 하든지 영향을 미친다는 것이다. 하지만 공부 외에 다른 것이 하고 싶다면 억지로 참을 필요는 없다. 하고 싶은 것을 하면서 본인만의 재능을 발견하면 된다. 게임이 너무 하고 싶다면 게임에 몰두해라. 하지만 앞서 말했듯이 학업을 포기하지 마라. 자기가 프로게이머로 세계 최고가 될 수 있는 재능이라고 판단된다면 학업을 포기하는 것도 고민해 볼 수 있겠다. 하지만 본인의 인생이 걸린 만큼 정말 신중하게 결정했으면 좋겠다.

'100세 시대'라는 노래가 있다. 앞으로 우리는 좋던 싫던 100세를 바라보며 미래를 살아야 한다. 늙는 것은 막을 수 없는 자연 현상이다. 나이가 들어서도 행복하게 살기 위해서는 미리 준비해야 한다. 우화 '개미와 베짱이'의 개미처럼 부지런히 본인을 갈고 닦아야 한다. 어린이에서 어른으로 이어지는 6년간의 통로에서 무엇을 할지, 어떻게 할지는 오로지 자기의 몫이다. 무엇을 할지 모르겠다면 치열하게 생각해라. 생각 끝에 다다른 선택지가 있을 것이다. 그리고 그 선택에 온몸을 던져서 최선을 다해라. 그러면 된다.

6

생각하는 대로 살지 않으면
사는 대로 생각하게 된다

　내가 다니는 회사 화장실 소변기 앞에 이런 명언이 붙어 있다. '생각하는 대로 살지 않으면 사는 대로 생각하게 된다.' 나는 볼 일을 보면서 잠시 생각에 잠겼다. 문득 나도 회사에서 생각 없이 살고 있지 않은가 스스로를 돌아보았다. 회사에서 일을 하다 보면 주어진 업무가 시시각각 변하고 이 일이 끝나면 곧바로 저 일을 해야 한다. 동시다발적으로 여러 가지 일을 해야 하는 경우도 있다. 가끔은 내가 왜 이 일을 하고 있는지 정확한 목적을 모르는 채, 업무를 처리할 때가 있다.

이런 경우에는 시간이 지나고 나면 남는 것이 별로 없다. 누군가의 지시에 따라 맹목적으로 일을 했기 때문이다. 머릿속은 텅비어있다. 몸은 열심히 움직이고 있지만 머리는 움직이지 않는다. 선배들은 다들 자기 일에 바쁘기 때문에 하나부터 열까지 설명해주지 않는다. 아무 생각 없이 상사에게 결과물을 보고하면 혼나기 일쑤다. 나는 많이 생각하고 일을 했다고 생각하여 반항심이 들지만 나중에 곰곰이 돌이켜보면 별 생각 없이 일을 한 것을 알게 된다.

게임을 할 때도 마찬가지다. 프로게이머는 하루에 수십 게임을 한다. 게임을 계속해서 많이 하다보면 머리에 쥐가 날 때가 있다. 그럴 때는 아무런 생각이 들지 않는다. 양손가락은 평소와 똑같이 움직이고 있지만 아무런 의미 없는 시간 낭비다. 게임을 할 때 가장 중요한 것은 손 빠르기가 아니다. 손 빠르기는 게임을 하는데 무리가 없을 정도면 된다. 손이 느린 프로게이머가 우승을 차지하는 경우도 많다. 아마추어 중에 프로게이머보다 손이 빠른 사람은 널렸다. 하지만 손 빠르기가 게임에 전부였다면 그들은 모두 최고의 프로게이머가 되었을 것이다.

손가락보다 중요한 것은 머리다. 손가락보다 머리 회전 속도가 빨라야 한다. 어떤 상황에서 어떻게 대처해야 하는지를 빠르고 정확하게 판단하는 것이 중요하다. 그렇게 하려면 게임을 하면서 끊임없이 생각을 해야 한다. 프로게이머는 머리가 민첩하지 않으면 할 수 없다.

우리는 생각하기 어려운 시대를 살고 있다. 주변에는 생각에 잠기기를 방해하는 것이 참 많다. 텔레비전, 컴퓨터, 스마트폰을 포함하여 수많은 전자기기는 우리에게 다른 사람의 생각을 주입한다. 정작 스스로 생각에 잠기는 시간은 턱없이 부족하다. 마지막으로 무언가에 대해 진지하게 생각하고 사색한 적은 언제인가? 기억이 나지 않는 사람이 많을 것이다.

　그러나 이런 환경은 우리에게 새로운 기회로 다가 온다. 다른 사람들의 생각을 많이 접할 수 있다는 것은 역으로 얘기하면 그것을 기반으로 자기만의 생각에 살을 찌울 수 있다는 것이다. 행동은 생각을 바탕으로 나온다. 좋은 생각을 하는 사람은 좋은 행동을 하고 나쁜 생각을 하는 사람은 나쁜 행동을 한다. 내가 하는 행동이 모여 나라는 사람이 만들어 지고 한 사람의 인생이 된다. 결국 내가 생각하는 대로 내 삶이 이루어진다. 생각하는 것이 중요한 이유에 대해 더 이상 무슨 설명이 필요할까?

❼
자기주도적인 삶을 살아라

　한 다큐멘터리에서 레밍이라는 동물에 대해서 다루었다. 레밍은 노르웨이 등지에 서식하는 쥐의 일종이다. 레밍은 빠른 번식력으로 그 수가 기하급수적으로 증대하는데 살고 있는 곳의 먹이가 떨어지면 다른 곳으로 집단 이동을 하는 동물이다. 이 다큐멘터리에서 가장 인상적인 부분이 있다. 어느 날 몇 마리의 레밍이 무작정 뛰기 시작한다. 그러면 주변의 수많은 레밍들이 그들을 따라서 영문을 모르고 달려간다. 달리다보니 선두 무리가 절벽 바로 앞까지 도착한다. 그들은 속도를 줄이려고 해도 뒤에서 달려오는 수많은 레밍들 때문에 멈출 수가 없다. 결국 선두 무리는 절벽에서 떨어진다. 그 뒤로 선두를 따라오던 수많은 레밍 무리들이 다 같이 절벽에서 떨어진다. 이렇게 맹목적으로 남을 따라하는 행동을 '레밍 효과'라고 한다.

우리나라 사람은 특히 남의 행동에 영향을 많이 받는다. 사람들이 많이 찾는 식당, 일명 '맛집'에는 줄이 끊이질 않는다. 1, 2시간 기다리는 것은 예사다. 어떤 식당은 한 달 동안 예약이 꽉 차 있기도 하다. 수처작주(隨處作主) 라는 말이 있다. 어느 곳에서 무슨 일을 하던지 주인의식을 가지라는 의미다. 남이 하는 것을 맹목적으로 따르지 말고 주도적으로 살아 보자.

프로게이머도 마찬가지다. 프로게이머들이 사용하는 전략만 연습하면 다른 프로게이머를 뛰어 넘을 수 없다. 상대를 뛰어 넘으려면 상대가 생각하지 못한 전략을 사용해야 한다. 게임 팬들은 똑같은 패턴의 게임에 쉽게 질린다. 프로게이머로 성공하고 싶다면 자신만의 독특한 개성이 있어야 한다. 그 무언가를 정립하기 위해서는 남들과는 다른 자기만의 독창적인 생각이 필요하다.

프로게이머에 도전하려고 해도 자신의 소신이 있어야 할 것이다. 먼저 프로게이머에 도전하겠다고 부모님께 선언하면 부모님으로부터 걱정 섞인 말부터 듣게 될 것이다. '헛소리 하지 말고 공부나 해라', '아무나 프로게이머가 되는 줄 아냐' 등의 말을 들을 것이다. 하지만 자신의 주관이 뚜렷하다면 당당하게 부모님을 설득하라. '나는 게임에 재능이 있는 것 같다.' '이런 방법으로 최선을 다해 노력하겠다.', '공부도 소홀히 하지 않겠으니 시간을 두고 잠시 지켜보라' 이런 식으로 진지하게 말한다면 어떤 부모님이 반대하겠는가?

단 한번 주어진 유한한 인생, 남이 원하는 삶을 살기보다는 자기가 진정 원하는 삶을 살아라. 그러기 위해선, 먼저 주도적으로 자기 자신에게 선언하고 부모님에게 선언하라. 선생님, 친구들에게 선언하라. 나는 내가 바라는 삶을 살 것이라고. 이 책을 읽는 모든 청소년들이 명품 인생의 주인공이 반드시 되길 소망한다.

2008년 무더웠던 여름, 프로게이머로서 마지막 공식 경기를 마쳤습니다. 팬들의 환호 속에 경기장을 나서면서 한동안 이런 생각을 했습니다. '이제 정말 마지막이구나, 앞으로 게임과 인연이 있을까?' 아직도 그 순간이 생생하게 기억이 납니다.

프로게이머로서는 마지막이었지만 게임과의 인연은 계속 이어졌습니다. 지금도 가끔 예전에 같이 활동했던 동료들을 만나고 게임 얘기를 하며 소주 한잔을 기울입니다. 쉬는 날에는 텔레비전을 켜고 게임 방송을 찾아서 봅니다. 선수들이 멋진 플레이를 펼칠 때면 감탄을 금치 못합니다. 그리고 이렇게 프로게이머의 삶에 대한 책을 쓰게 되었습니다. 아마도 게임과의 인연은 평생 갈 것 같습니다.

책을 쓰는 일은 생각했던 것보다 훨씬 어렵고 막연한 과정이었습니다. 처음에는 한 문장을 쓰는 것도 어려웠습니다. 평소에 글을 쓰지 않으니 어떻게 문장을 시작해야할지 앞이 깜깜했습니다. 마치 안개 속을 헤매는 듯 한 느낌이었습니다. 오랫동안 멍하게 모니터를 보고 있으면 눈이 아프고 머리가 어지러웠습니다. 지금 생각해보면 어떻게 책을 쓸 생각을 했나 싶습니다.

하지만 하나의 책을 집필하고 완성하는 것은 정말 보람찬 일이 었습니다. 무엇보다 글쓰기는 제 자신을 되돌아보게 해주었고 미래를 보다 선명하게 꿈꾸게 해주었습니다. 시간이 지나고 먼 미래에 과거를 회상하면 가장 기억에 남을 일 중에 하나가 될 것 같습니다.

텔레비전, 인터넷 등 어디서나 볼 수 있는 뻔한 얘기는 하고 싶지 않았습니다. 일반적인 사례는 가능하면 인용하고 싶지 않았습니다. 제가 직접 경험하고 느꼈던 감정들을 위주로 책을 구성하고 싶었습니다.

글은 최대한 알기 쉽게 쓰려고 노력했습니다. 독자가 책장을 넘기는 데 부담이 적었다면 그것만으로 아주 기쁠 것 같습니다. 혹시나 조금이라도 마음에 와 닿는 부분이 있었다면 더할 나위가 없겠습니다. 책을 읽으면서 불편한 부분이 있었다면 초보 작가의 실수라고 생각하고 넓은 아량을 베풀어주시기 바랍니다.

어느덧 저는 30대 중반이 됐습니다. 10대에 했던 생각, 20대에 했던 생각, 그리고 지금 드는 생각이 다른 것이 당연한 것일까요? 예전보다 좀 더 주변 사람들에게 감사하다는 마음이 듭니다.

책을 쓰면서 이런 마음이 더 커지게 됐습니다.

　옆에서 항상 응원해주는 아내, 부모님, 가족, 친구들에게 감사의 말을 전하고 싶습니다. 프로게이머가 될 수 있게 앞에서 이끌어주고 뒤에서 밀어주신 이재균 감독님과 강도경 감독님께 깊이 감사드립니다. 두 분이 없었다면 프로게이머가 되지 못했을 것입니다. 그리고 수많은 프로게이머 선, 후배 동료들과 게임을 좋아하는 팬들께 감사드립니다. 덕분에 행복하게 프로게이머를 했고, 지금도 행복하게 살고 있습니다. 마지막으로 책을 출간하는 데 깊은 관심을 가져주신 가나북스 배수현 대표님께 감사드립니다. 앞으로도 제 위치에서 최선을 다 할 것이고 더 좋은 글을 쓸 수 있도록 공부하겠습니다. 응원해주신 모든 분들께 다시 한 번 진심으로 감사드립니다.

조형근